思想會

文化模式

PATTERNS OF CULTURE

〔美〕
Ruth Benedict
鲁思·本尼迪克特

著

黄 觉 —— 译

社会科学文献出版社
SOCIAL SCIENCES ACADEMIC PRESS (CHINA)

太初,神给每个民族一只黏土杯,他们从杯中啜饮生命。

——掘根印第安人谚语

致　谢

本书选择了三个原始族群加以描述，一是因为关于这三个族群的资料相对完整、可靠；二是因为我可利用与田野民族志学者的诸多讨论，对业已发表的各种描述进行补充。这些田野民族志学者与这几个族群的人共同生活，并就涉及的各族群做了权威性描述。我本人也与祖尼人中的普韦布洛人共同生活了好几个夏天，并在与普韦布洛文化做对比的周边部落里生活过。特别感谢鲁思·L. 班泽尔（Ruth L. Bunzel）博士，她不仅学了祖尼语，而且她关于祖尼人的论述以及收集的祖尼文本是研究普韦布洛文化的最佳材料。关于多布文化的描述，我要感谢雷欧·F. 福琼（Reo F. Fortune）博士那本无价之宝——《多布的巫师》（*The Sorcerers of Dobu*），以及他的多次畅谈。关于美洲西北海岸的论述，我不仅借鉴了弗朗兹·博厄斯（Franz Boas）教授已发表的文本和关于夸扣特尔人生活的细致入微的资料，还得益于他尚未发表的资料，以及他基于 40 年来与美洲西北海岸印第安人接触所做的鞭辟入里的评论。

本书文责自负，我的某些解读或许超出了某些田野工作者的尺度，但所有章节都经过了研究这些部落的权威人士的审阅，他们对其中的事实做了订正。希望阅读完整论述的读者可以根据参考文献按图索骥。

我要感谢各位出版商同意我在本书中部分使用由他们首次发表的几篇论文：《习俗研究》（"The Science of Custom"），载于《世纪杂志》（*The Century Magazine*）；《北美的文化形貌》（"Configurations of Culture in North America"），载于《美国人类学家》（*The American Anthropologist*）；《人类学与异常者》（"Anthropology and the Abnormal"），载于《普通心理学杂志》（*The Journal of General Psychology*）。

在此，还要感谢《多布的巫师》的出版商 E. P. 达顿公司（E. P. Dutton and Company）。

鲁思·本尼迪克特
于纽约哥伦比亚大学

序

  20世纪，人们对社会人类学相关问题的研究开辟了许多新路径。老办法是人们利用点滴证据建构人类文化的历史，这些证据取自全世界不同的时间和地点，失去了文化间的自然接触。如今这种老办法已经站不住脚。于是人们通过对人类文化具体特征的分布进行研究，辅以考古学证据，努力重构历史联系。这是一个艰苦的过程，从这个视角观察的领域越来越宽广。研究者试图在不同文化特征之间建立起坚实的关联，并借此建立更广泛的历史关联。文化通史研究曾假设相似的文化特征有可能独自发展，这种可能性已经被否定，或者不再占据重要地位。进化论的方法和对独立地域文化进行分析的方法都曾试图揭示文化形式的发展顺序。研究者试图通过前一种方法建构文化史和文明史的整体面貌；后一种方法的支持者，至少那些较为保守的支持者，则认为每种文化都是一个独立单位，是单独的历史问题。

  受深度文化分析的影响，对与文化形式不可分割的材料进行收集得到了极大的推动。这些搜集而来的材料给我们提供了关于社会生活的信息，这些信息让我们觉得可以把社会生活分成泾渭分明的类别，比如经济、技术、艺术、社会组织、宗教，而且它们之间鲜有关联。而人类学家的位置则令人想起歌德的讽刺：

> 想认识生物，记述生物的人
> 首先便要驱逐精神，
> 结果是得到些零碎的片体，
> 可惜没有精神的联系。[1]

对活文化（living culture）的关注引发了人们对每种文化的整体性的强烈兴趣。人们越来越意识到文化的特质一旦离开了它的整体环境就变得无法理解。然而试图将文化看作仅由一套条件控制的整体，并不能解决这一问题。纯粹的人类学—地理学，或经济学，或其他形式主义的方法，都只能提供扭曲的画面。

试图将文化作为一个整体的意义进行把握，这样的意愿迫使我们将标准化行为的描述仅视为通往其他问题的跳板。我们必须将个体置于其所处文化中加以理解，也必须将文化视作个体经历加以理解。这与历史方法并不抵触，对社会—心理学问题的

---

[1] 译文引自〔德〕歌德《浮士德（第一部）》，郭沫若译，北京：人民文学出版社，1954，第91页。——译者注

关注反而揭示出文化演变的动态过程，促使我们通过对相关文化的细致比较来评价我们获得的证据。

由于材料的特点，文化生活问题常常表现为文化中不同方面相互关系的问题。这种研究使我们更好地理解具体文化中整体性（或缺乏整体性）的程度，凸显不同类型文化的各种整合形式，并且看到文化中不同方面繁多的关系模式，不宜笼统论之。然而，这种研究却无益于或者只是间接地促进我们对个体与文化的关系的理解。

这种理解要求对文化的精神特质具有深刻洞见，并且了解主导个体和群体行为的各种心态。本尼迪克特博士将文化的这种精神特质称为文化形貌（cultural configuration）。她向我们提出了这个问题，并以三种文化为例阐明了这一问题。她所列举的三种文化各有一种广泛存在的主导理念。这种方法有别于剖析社会现象的所谓功能方法，其关注点在于发现基本心态，而不是纠缠于每种文化项之间的功能关系。这不是历史方法，但论及全面形貌时例外。文化形貌只要还在延续，便会规限始终从属于它的变迁方向。相较于文化内容，文化形貌常具有突出的恒定性。

本尼迪克特指出，并非每种文化都有某种主导特性，然而我们也许对促成个体行为的文化驱动力了解越多，就越能发现某些控制情感的因素、某些理想行为占上风，它们导致那些从我们这个文明的角度来看属于异常的态度。于是，人们对社会与反社会以及正常与反常的相对性有了新解。

  本尼迪克特选取的极端案例更突出了思考这一问题的重要性。

弗朗兹·博厄斯

目 录

第一章 习俗研究 ································· 1
　　习俗与行为//儿童继承的传统//我们的错误视角//误将地方性习俗当作"普遍人性"//我们对其他文化的无视//种族偏见//人是由习俗而不是本能塑造的//"种族纯粹性"的错觉//研究原始民族的理由

第二章 文化多样性 ································· 19
　　生命之杯//选择的必要性//不同社会是如何对待青少年时期与青春期的//不知战争的民族//婚俗//文化特质的交织//守护神与幻象//婚姻与宗教//这些关联是社会性的，并非由生物性决定的必然

第三章 文化的整合 ································· 42
　　一切行为标准都是相对的//文化模式的形成//大多数人类学研究的不足//整体观//斯宾格勒《西方的没落》//浮士德型的人与阿波罗型的人//西方文明过于复杂难以研究//绕道原始部落

第四章　新墨西哥州的普韦布洛人 ································ 53

纯净的社会//祖尼的仪式//祭司与面具神//巫医会//高度社会化的文化//"中庸之道"//把希腊理想推到极致//平原印第安人的不同习俗//酒神型狂乱和幻象//麻醉品和酒精//祖尼人对过度的不信任//对权力和暴力的不齿//婚姻、死亡和哀悼//生殖仪式//性符号//"天人合一"//典型的日神型文明

第五章　多布人 ······································· 122

恶意与背叛成为美德的地方//敌意的传统//诱捕新娘//丈夫的卑贱地位//所有权的强烈排他性//对魔法的依赖//田园仪式//致病咒与妖术//对商业的热情//瓦布瓦布，一种精明的交易行为//死亡//存活者的相互猜疑//被禁止的笑声//假正经//你死我活的斗争

第六章　美洲西北海岸印第安人 ···················· 162

海岸文明//温哥华岛的夸扣特尔人//典型的酒神型//食人怪会//与普韦布洛人截然相反//经济竞赛//对我们社会的戏仿//自吹自擂//羞辱宾客//炫财宴上的交换//极度虚张声势//对新娘的投资//通过婚姻、谋杀和宗教获取特权//萨满教//对嘲讽的恐惧//死亡是最大的侮辱//情感范畴

第七章　社会的本质 ································· 207

整合与归顺//不和谐元素的冲突//我们自己的复杂社会//有机论与个体//文化解读与生物学解读//活学活用原始部落的经验//没有固定的"类型"//传播与文化形貌的意义//社会价值观//自我评判的需要

第八章 个体与文化模式 ·················· **232**

社会与个体不是对立而是相互依赖//对模式的采用//对挫败感的反应//不适的惊人案例//接受同性恋//迷恍和强直性昏厥作为获取权力的手段//一种文化类型的极端代表：清教徒神职人员和成功的现代自私者//社会相对论是希望的原则而不是绝望的原则

参考文献 ······························· **257**

索引 ·································· **265**

第一章　习俗研究

人类学将人作为社会动物加以研究，其关注点落在人的身体特征和工艺技术，以及风俗习惯和价值观方面，这些因素将某共同体区别于属于其他传统的所有共同体。

在社会科学里，人类学独具一格，其研究对象包括本社会之外的其他社会。就其目的而言，在人类学研究里，任何关于婚配和生育的社会规则都与我们自己社会里的规则同等重要，即便这些社会规则属于婆罗洲海地达雅克人（Sea Dyaks），与我们自己文明中的相应社会规则不可能有丝毫的历史关系。对人类学家来说，我们自己的习俗与新几内亚某部落的习俗或为两套不同的社会体系，却都是为了解决相同的问题而形成的。因此，人类学家一定不能厚此薄彼。人类学家所关注的是人类行为，并不局限于某一种传统——我们自己的传统——所塑造的人类行为，而是关注任意一种传统所塑造的人类行为。人类学家关注不同文化里的大量习俗，试图理解这些文化的变迁和分化方式、它们借以表达自己的不同形式，以及民族习俗如何影响构成该民族的个体的生活。

现在没人把习俗看作了不起的大事。我们觉得自己大脑内部的工作机制特别值得研究，却认为习俗是再普通不过的行为。可是事实恰好相反。纵观全世界，传统习俗无不由大量具体行为组成，它比任何人在个体行为中所能进化出的东西更令人惊叹，无论他的行为有多反常。而这还只是最微不足道的一个方面，习俗在经验和信仰中扮演了支配性角色，而且变化无穷，这才是头等重要的事实。

谁也不会用新生儿的眼光看世界。每个人眼里的世界都受一套特定习俗、制度和思维方式左右。即便在哲学思考中，人类也不能摆脱这些定式；关于真与假的观念仍会以某种特定的传统习俗为参照系。约翰·杜威（John Dewey）曾着重指出，习俗对个人行为的影响与个人行为对传统习俗可能产生的影响相比较，就如同一个人母语的全部词汇之于他牙牙学语时说出而后被家人经常使用的那几个词。一个人倘若认真研究那些自发形成的社会规则，他所能得到的顶多不过是一次精确而实事求是的观察。个人生活史首先是适应其共同体内部代代相传的模式和标准。一个人从出生伊始，其经验和行为就被自身所处的那些习俗所塑造。他学会说话时，便已然是其文化的小小产物；等到他长大并能在其文化中参与活动时，他所在文化的习惯便也是他的习惯，他所在文化的信仰便也是他的信仰；他所在文化的不及之处，便也是他的不及之处。在这个社群中出生的每个孩子都是如此。而出生在地球另一面的孩子，无一能得到哪怕千分之一。在我们必须了解的社会问题中,最重要的问题就是习俗的作用。如果我们不了解习俗的法则和变化,我们就断然无法了解使人类生活变得复杂的主要事实。

只有接受某些基本观点,并坚决反对另一些基本观点,关于习俗的研究才能造福于人。首先,对于选中的研究对象不能有厚此薄彼之心,这是一切科学研究的要求。在一些争议较小的研究领域,如对仙人掌、白蚁或星云性质的研究,将相关材料分组并考察一切可能的差异形式和条件是必不可少的研究方法。我们已知的天文学规律,或者,比如群居昆虫的习性,都是通过这种方法了解的。只有在研究人类自身时,社会科学主要学科才以对一个区域性变种的研究——对西方文明的研究——取代对其他变种的研究。

如果我们满脑子都是自己与原始人的差异、自己与野蛮人的差异、自己与异教徒的差异,那么严格意义上的人类学就不可能存在了。我们首先必须有能力认识到,自己的信仰并不比邻人的迷信更高明。我们必须认识到这些制度其实是建立在相同的(超自然的)前提之下的,因此我们必须全盘考虑,我们的信仰不过是其中一种。

19世纪上半叶,西方文明里最开明的人也不懂人类学的这条基本原则。有史以来,人总是捍卫自己的独特性,并以之为荣。在哥白尼时代,唯我独尊的观点涵盖一切,甚至包括我们居住的地球。14世纪的人拒不接受地球属于太阳系的观点。在达尔文的时代，人在太阳系这事上向敌人投降了，却又竭尽所能来捍卫灵魂——上帝赐予人的一种说不清的属性——的独特性，拒不承认人类的远祖源于动物王国。不论其论点多么缺少连贯性，不论这个"灵魂"的性质多么可疑，甚至不论19世纪的人其实一点不在乎与任何异类成为兄弟，这一切事实都不敌进化论与人的灵魂的独特性相抵牾而引发的无与伦比的暴怒。

公平地说，这两场仗我们都打赢了，即使尚未尘埃落定，我们也离胜利不远了；但战斗在另一条战线上愈演愈烈。如今我们忙不迭地承认，地球围绕太阳转，或人类的祖先是动物，这些与人类成就的独特性简直毫无关系。倘若我们只是碰巧居住在太阳系里众多行星的一颗上，那岂不是更值得骄傲？倘若进化使彼此敌对的人类种族与动物相联系，那么我们与它们之间可证的差异就愈加明显，我们的制度也就更显独特。"我们的"成就和"我们的"制度是独一无二的，与那些"劣等"种族的成就和制度不可同日而语，必须不遗余力地加以保护。因此直到今天，不论关乎帝国主义问题还是种族歧视问题，抑或基督教与异教比较的问题，我们所考虑的独特性依然不是全球范围内各种人类制度的独特性，也无人在意这些，而是自己的成就和制度、自己的文明的独特性。

因历史的机缘巧合，西方文明比已知任何其他地域性群体的文明传播得更远，在地球上的大多数地方自立为标准，于是我们以为人类的行为具有一致性，但这种一致性在其他任何一种情况下都不会出现。有时一些非常原始的民族对于文化的作用，甚至比我们有更强的意识。这不是没有原因的，他们与多种文化有过密切接触，眼看着自己的宗教、经济制度、婚姻禁忌在白人文化的面前式微。他们舍弃一套制度，接受了另一套他们常常不能完全理解的制度，心里却非常明白人类生活的安排千变万化。有时他们会像人类学家一样，将白人文化的主要特征归结为商业竞争或战争制度。

白人的经历则不同于此。他可能从未见识过自己文化之外的人，见过的外人也都早已欧化。倘若他有过出游的经历，很可能周游了世界，却从未在国际酒店以外的地方居住过。他对其他的生活方式一无所知，其周遭可见的是同样的习俗、观念，这让他相信整个世界就是如此，却向他隐藏了一个事实：这一切不过是历史的偶然。他也不再费力深究，便认为人性等同于他自己的文化标准。

不过，白人文化的广泛传播并非孤立的历史现象。在相对较近的年代，波利尼西亚人也将自己的文化从翁通爪哇传播到复活节岛、从夏威夷传播到新西兰，说班图语的部落文化则从撒哈拉沙漠传播到南部非洲，但我们仅将此视为某些地域性人种的过度发展。西方文明则发明出了全套的交通手段并做了全面的商业安排，以支持它在全球传播。回顾历史，我们就不难理解这一切是如何形成的。

白人文化传播产生的心理后果远远超出物质后果。这种世界范围的文化传播为我们提供了前所未有的保护，使我们不必认真对待其他民族的文明。我们的文化因此获得了非常强的普遍性，乃至我们早已不用历史的眼光看待此事，反倒认为事情必然如此，别无他途。我们因为自己的文明依赖经济竞争，就说它是人性可依赖的首要动机。我们把受自己的文明塑造并在儿科诊所里记录的幼儿行为称作儿童心理，亦即人类幼崽都会有的行为。谈到伦理问题，或者家庭组织，我们也是这种思路。我们将自己熟悉的每种动机都视为必然，总要把自己限于一地的行为等同于普天之下的"行为"，把自己经社会化形成的习惯等同于与生俱来的"人性"。

如今，现代人已让这种观念存在其思维和实际行为中，而这种观念的源头则可追溯到先民对于"我自己的"封闭群体与外人的区分。这种区分普遍存在于所有原始民族中。一切原始部落在其分类中都有一个种类叫"外人"。外人不仅外在于对部落内自己人有约束作用的道德准则，而且总体上说压根就算不上人类。大量通用的部落名称显示出原始人的自我认知，而这些词在他们自己的语言里都表示"人类"，即他们自己，如祖尼[1]（Zuñi）、提纳[2]（Déné）、基奥瓦[3]（Kiowa）等。封闭的群体之外不存在人类，尽管事实上从客观的角度看，每个部落周边

---

[1] 祖尼，北美普韦布洛印第安人中的一个部落，位于新墨西哥州中西部与亚利桑那州交界处。——译者注
[2] 提纳，北美印第安人部落之一。——译者注
[3] 基奥瓦，北美印第安人部落之一，居于大平原南部。——译者注

都有其他部族，他们共享技艺和物质发明，共有复杂的风俗，这是不同族群在行为上相互学习的结果。

原始人从来不会向外俯瞰全世界，不会将"人类"视为一个群体，也感受不到自身与同类的共性。他自始就偏于一隅，高筑藩篱。无论选妻还是取人头颅，最重要的就是分清她（他）是自己这群人还是地盘之外的人。自己这群人及其各种行为方式，都是举世无双的。

现代人则有"上帝的选民"和"危险的异族"之分，而其文明中的不同群体在基因上和文化上错综关联，一如澳大利亚的众多丛林部落。这种态度背后自有漫长的历史延续性为其撑腰，俾格米人就是如此。人类的这一特质根深蒂固，难以清除，但我们至少可以努力厘清其渊源，看清其复杂的表征。

在宗教与人们的生活息息相关的时代，西方文明的普遍态度便可作为上述问题的表征，而人们论及此事时，总认为它至关重要，是由宗教感情而不是上述普遍的偏狭所驱动。任何一个封闭群体与外人的区分，在这里都化为宗教的虔敬信徒与异教徒的区分。数千年来，这两类人之间没有任何相通之处。双方的思想、制度无一不相互抵牾。甚至两种宗教本来大同小异，而各自的制度却一律被视为水火不容：一边关乎神圣的真理和虔敬的信徒，是神启，是上帝；另一边则关乎人类的错误，是谎言，是诅咒和魔鬼。对立群体的态度绝无同等观之的可能，因而也就根本谈不上通过对资料的客观研究来理解宗教这一人类重要特征的性质。

对宗教的这种态度已然成为标准，我们完全有理由为此感到自豪。至少我们已将那种荒诞的独特性抛在身后，接受了对宗教的比较研究。然而，类似的旧心态在我们的文明中依然以其他方式普遍存在，例如宗族偏见。这令我们不由得怀疑我们对宗教的成熟认识究竟是因为我们已经摆脱了孩童的无知，还是仅仅因为在现代生活中宗教已不再是重要战场。一旦事关文明中最鲜活的问题，我们似乎就远离了在宗教领域已相当普遍的那份超然。

还有另一种情况令严肃的习俗研究出现较晚且研究者用心不专，而这种困难比上述问题更难以克服。研究社会理论的人不大容易关注习俗问题，因为他们自己的思考也脱不开习俗，如果失去习俗这副"眼镜"，他们什么也看不见。越是基础性的事务，就越不容易受到有意识的关注，这种盲点并不神秘。经济学家、心理学家或精神病学家获得有关国际信贷、学习过程或精神神经症中自恋因素的大量数据后，既利用这些数据开展工作，也受限于这些数据。他们不会考虑还存在其他社会情况，在其中所有因素的安排都可能大不一样。换言之，他们不会考虑文化的调节作用，而认为他们所研究的特质具有已知且必然的表征，这些表征是绝对的，因为这是他们必须处理的所有材料。他们认为 20 世纪 30 年代某一地区的态度就是"人性"，对这些态度的描述则涉及"经济学"或"心理学"。

从实践的角度看，这种态度无伤大雅。儿童须接受传统教育，研究我们自己学校中的学习过程至关重要。同理，我们常对关于其他经济制度的讨论不屑一顾，这也情有可原。不管怎么说，我们毕竟只能活在由自己的文化规定的"我们-他们"架构中。

的确如此，而且，讨论不同文化时，最好别忘了它们存在于空间中。这一事实更衬托出我们的冷漠。然而，限于史料，我们只能从时间上首尾相连的不同文化获得例证。我们无论如何也逃不开时间的连续性。哪怕只回望一个世代，我们也会看到一些修正，有些甚至就出现在我们最私密的行为中。这些变化相当隐秘，我们只有在事后才能察觉情况的改变。若不是我们未到万不得已，始终刻意回避私密领域的文化变迁，我们早已采取较现在更为明智且直接的态度了。造成这种抗拒的原因，主要是我们对文化规约（cultural conventions）会错了意，特别是夸大了那些碰巧属于我们的民族和时代的文化规约。只需对其他文化规约略有了解，知道这些规约可能千差万别，就大大有益于促成理性的社会秩序。

研究不同文化对于今天的思想和行为还有另一种重要意义。现代生活方式使多种文明近距离接触，而目前绝大多数人还是以民族主义和种族主义的势利态度面对这种情况。文明前所未有地召唤真正具有文化意识的人客观看待而不是惧怕、责难其他民族的社会所规定的行为。

在种族和民族互相接触的今天，对异族的蔑视并非唯一的道路，更非以科学为基础的道路。盎格鲁-撒克逊的偏狭传统与其他任何文化特征一样，仅属于一时一地。西班牙人拥有与盎格鲁-撒克逊人几乎同样的血缘和文化，却没有后者的偏狭。在西班牙人统治的国度，种族偏见大异于受英、美统治的国度。美国人所不能容忍的显然不是生理上血缘相距遥远的种族相混合。波士顿曾强烈抵制爱尔兰天主教徒，新英格兰磨坊小镇曾抵制意大利人，这些抵制行为与加利福尼亚州抵制东方人并无二致，这依旧是内外有别的习惯在作祟。我们比原始部落更没理由在这方面抱残守缺。我们已经游历过并且夸耀自己的成熟，可是我们不知道文化习惯的相对性，将与标准不同的人群建立联系的益处和乐趣拒之门外，在与他们打交道时不守信誉。

当前西方文明迫切需要认识种族歧视的文化基础。我们沉醉于种族歧视，连与我们同一血脉、情同手足的爱尔兰人也不能容忍。挪威人曾与瑞典人不共戴天，就仿佛他们身上流淌着不同的血脉。法德两国开战时，划出一条所谓的种族分割线，将巴登人与阿尔萨斯人分开，全然不顾他们从体型上看同属于阿尔卑斯亚种。我们生活在一个人口自由流动的时代、一个社会中最优血统混杂通婚的时代，竟然大言不惭地宣扬什么种族纯粹。

对此，人类学家从文化的本质和遗传的本质两个方面做出了回应。说到文化的本质，我们需要回到人类社会尚不存在的远古。大自然在一些社会中通过生物机制长期维持哪怕最细微的行为模式。不过，这些社会不是人类社会，而是昆虫社会。把蚁后放入一个空穴，它依然会复制性行为的每一个特征，以及蚁穴的每一个细节。这些社会性昆虫一丝不苟地执行大自然的安排，绝不造次，它们的本能行为体现整个社会结构模式。一只蚂蚁孤零零地离开蚁群，失去其蚂蚁社会的等级属性或养育模式，这种事情发生的概率小于它未能完好地复制自己的触角形状或腹部结构的概率。

无论是福还是祸，人却截然相反。人类部落的社会组织、语言、本地宗教，都不会由人的生殖细胞承载。过去在欧洲，人们偶然会发现被遗弃的儿童在森林中生存下来，与其他人类完全隔绝。这样的儿童彼此非常相似，林奈[1]（Linmeus）将他们单独归为一个独特的种，称为"野人"（Homo ferus），并认为他们是人类中一种罕见的侏儒。这些智力迟钝的"畜生"对自己何去何从毫无兴趣，像动物园里的野兽一样有节奏地前后摇摆身体，根本学不会使用其语言器官和听觉器官。他们裹几片破布来御寒，探手从沸水中捞土豆而浑然不觉疼痛。当然，他们无疑是在婴儿期遭到遗弃的孩子，而他们所有人缺少的正是与同类相处的经历，人只有与同类相处才能培养并磨砺属于人的种种能力。

我们的文明更讲人道，因而我们在文明社会见不到"野人"。然而，倘若一个婴儿被另一个种族或文化的人收养，这个问题就会清楚地显现。一个东方孩子被西方家庭收养，就要学英语，要在其养父母面前表现出与其玩伴相同的态度，长大要从事

---

[1] 林奈，全名为卡尔·冯·林奈（Carol von Linmeus，1707—1778），瑞典博物学家。——译者注

与他们相同的职业。他要学会自己后天进入的那个社会里的一整套文化特质，而其亲生父母所属的那个群体则与他毫无关系。倘若全体人民经两三个世代摆脱其传统文化，并转而接受一套异族的习俗，就会在更大规模上经历同样的过程。美国北部城市的黑人[1]文化与同城的白人文化非常接近，在细节上也几无二致。数年前对哈林区（Harlem）展开的一项文化调查显示，黑人特有的一种流行爱好是赌次日证券交易额的最后三位数。白人与之相对应的爱好是亲自到股市豪赌。相较而言，黑人的爱好成本低，但其不确定性和刺激性丝毫不亚于白人的爱好。这种爱好与白人的爱好有所不同，但差距不大。哈林区黑人群体的大多数其他特征则与同时期白人群体的特征更为接近。

有史以来，世界各地的人都能看到一些民族已能接受其他血统民族的文化。人的生物学结构并未妨碍这种接受过程，它并不会在细节上将人限制于任何一种特定的行为模式。人类在不同文化中就诸如婚配或贸易制定的五花八门的社会解决方案，在人类原始禀赋的基础上都是同样可能的。文化并非一种经由生物性传递的复杂系统。

较大的可塑性是一种优势，弥补了失去大自然安全保障而产生的不足。人这种动物不像熊那样经过一代代进化而长出满身皮毛，以适应北极的环境。人学会了为自己缝制衣衫、建造雪屋。我们从人类之前和人类社会的智慧史中看到，这种可塑性正是人

---

[1] 原文为 American Negro。——译者注

类开始并保持进步的土壤。在猛犸象时代，不具可塑性的物种产生—兴盛—消亡，周而复始，它们为适应环境而进化出的生物特征也是导致它们灭绝的原因。食肉猛兽以及最终的高等动物类人猿则缓慢地不再依赖于生物适应。随着可塑性的不断提高，智力发展的基础一点一滴积累起来。常有人说，或许人类终将毁于智力的发展。然而没人指出我们有任何途径能返回社会性昆虫的那种生物机制，因为我们别无选择。不论是福还是祸，人类文化遗产终不能通过生物性继承。

现代政治必然导向一个结论，即我们仰仗某些优秀的种质遗传取得精神和文化成就，这种结论毫无根据。我们西方文明的主导权在不同时期从闪米特语诸族传给含米特人，又传给地中海白人亚种，后来再传给北欧人。我们的文明不论由什么人承载，其文化延续性毋庸置疑。我们必须接受人类遗传的一切结果，其中最重要的一条，就是通过生物性传递的行为只是一小部分，文化过程在传统的承继中发挥了巨大作用。

人类学对种族纯粹论者的第二个回应是关于遗传的性质。种族纯粹论者上了神话的当。何谓"种族遗传"？我们大略知道它是父亲向儿子的遗传。在家族血统中，遗传至关重要，但遗传也仅限于家族血统。超出这一范围，遗传就是神话。在静止的小社会里，如偏远的因纽特人[1]村庄，"种族"遗传几乎等同于亲

---

[1] 原文为 Eskimo，现一般称因纽特人（Inuit）。下同，不再一一标注。——译者注

子遗传，这时，种族遗传是有意义的。但对于那些分布广泛的族群来说，如北欧人，种族遗传没有现实基础。首先，北欧所有民族中都有一些家族血统同样出现在阿尔卑斯山区或地中海地区的社会中。只要分析欧洲人口的体格构成，我们就会发现交叠现象：黑眼、黑发的瑞典人代表了更集中于南方的家族血统，我们也的确会根据对这些南方家族的了解来看待这样的瑞典人。他们的体格所表现的遗传特性属于他们的家族血统，而他们的家族血统并不一定局限于瑞典。我们尚不清楚相距多远，体格类型之间便不存在混杂。我们知道近亲繁殖会产生一个地方特有的类型，但这种情况在分布极广的白人文明中基本不存在。我们有时用"种族遗传"这种说法——还真没少用——来集合一群人，这群人拥有差不多的经济地位，从差不多的学校毕业，读差不多的周刊，这样的分类只不过是自己人和外人的另一种说法而已，并不是说这群人真的具有生物同质性。

真正使人"抱团"的是文化，即人们共同的思想和准则。如果一个民族不以共同的血统为象征、喊口号，而是关注凝聚其人民的文化，发扬文化的优势，且认识到不同文化可能有不同的价值观，这个民族就会用现实思考取代危险的象征主义思维方式。象征主义思维方式会将人引入歧途。

人们开展社会性思考必须先了解文化的不同形式，本书探讨的正是文化的这一方面。如前所述，体格或种族未必与文化相关，因此在我们的论述中它们可以被暂时搁置，只有在某些特定情况下，出于某些特殊原因，二者才有关联。探讨文化最紧要的要求是选取各种不同的文化形式，以此为讨论的基础。只有这样，我们才有可能区分人类由文化决定的不同之处，以及到目前为止我们所能看到的人类不可避免的共性。仅靠观察自己或者任何单一社会，我们都无法知晓哪些行为是"出于本能"，亦即由生物器官决定的。仅仅证明某种行为是自发的并不足以将这种行为归为本能行为。条件反射的行为与生物器官决定的行为同样具有自发性，而在人类的自发行为中，由文化形成的条件反射占比比较大。

因此，在探讨文化形式和文化过程时，从历史上与我们关系最远，且相互之间关系最远的社会取材，最能说明问题。世界上的几大文明分布在广袤的地域，历史上相互交往，形成了庞大的网络。这时原始文化便成为我们可用的资源。它们如同一间实验室，我们可在其中研究人类的多样性。这些原始文化相对孤立，许多荒蛮之地在数百年里逐渐演化出独特的文化主题。它们为我们提供了现成的信息，使我们看到人类可能有多么千差万别。对它们进行分析研究是理解文化进程的关键，它们也是我们现在和将来所拥有的唯一的实验室。

这间实验室还有另一个优势，与庞大的西方文明相比，各种问题在这里都比较简单。由于现代文明发明了各种便利的交通工具、国际电缆、电话和无线电传输设备，以及永久保留和广泛传播信息的技术，创建了各种不同的职业、信仰和阶层，并在全球形成统一标准，因此它变得过于复杂，人们不可能对之做充分的分析，除非人为地把它分成小块。这些不完整的分析难以成立，因为很多外部因素无法控制。研究任何一个人群，都会牵涉作为对照的其他不同人群的个体，他们有各自不同的标准、社会目标、家庭关系和道德。而这些人群的相互关系千头万绪，对其评价无法触及必要的细节。原始社会的文化传统则比较简单，可以用成年个体的知识来概括，人群内的规矩和道德只有一种界定得非常清晰的通用模式。在这样简单的环境中，我们有可能评估各种特质之间的相互关系，这在错综复杂的文明中则根本办不到。

上述两个重视原始文化材料的理由与传统上对这些材料的应用并无任何关系。传统上，人们用这些材料来重建起源，早期人类学家试图将不同文化的所有特质按进化的顺序排列，从最初的形式到西方文明中的最终发展。但是我们没有任何理由认为探讨澳大利亚的宗教比探讨本国的宗教更能揭示宗教的原始形态，或者通过探讨易洛魁人[1]的社会组织，我们就能回溯人类远祖的婚配习惯。

既然我们被迫相信人类属于同一个种，那么各地的人背后便有同样长的历史。原始部落或许比文明社会更接近行为的原初形式，但这也只是相对而言，我们的猜测不一定对。我们没有任何理由认为当代的某种原始习俗就是人类行为最早的类型。只有一种方法能让我们获得有关早期初始状态的粗略知识，即研究人类

---

[1] 易洛魁人，北美印第安人之一族。——译者注

社会中普遍存在或近乎普遍存在的那几种特质是如何分布的。有几种普遍存在的特质是众所周知的。其中泛灵论和婚姻中的外婚限制是毫无争议的普遍存在。关于人类灵魂和来世的概念千差万别，看法不大统一。还有一些信仰与这些特质几乎一样普遍，我们可视之为人类非常古老的创造，但这并不等于说它们是由生物性决定的，因为它们可能是人类最早的发明，所谓"婴儿期的"特征，已成为整个人类思想的基础。但经过深入分析我们便知它们或许与地区性习俗一样，是由社会决定的，只不过早已成为人类的自发行为。它们古老而普遍，但这并不意味着我们今天观察到的形式就是原始时代的最初形式，也不可能通过研究这些形式的变体而返古溯源。即便我们将某种信仰的普遍核心分离出来，并从中区分其因地而异的不同形式，这种特征也可能是出自某种显著的地方形式，而不是一切所见特征的原初最小公分母。

由此可见，通过原始习俗溯源纯属臆想。用这种方法能构建出任何我们想要的起源，这些起源既可以互斥也可以互补。我们以这种方式利用人类学材料，只会导致一种空想以最快的速度取代另一种空想，却提不出任何证据。

通过原始社会探讨社会形态也未必一定与返璞归真的浪漫发生关联，这样的探讨并不是为了把较简单的民族诗意化。如今，时代标准各不相同，机械轰鸣嘈杂，于是我们可能在很多方面对这个或那个民族产生强烈的好感。然而回归原始民族为我们保留的各种理想并不是治愈社会弊病的良方。向较简单的原始民族求助的浪漫乌托邦主义或许诱人，但是在民族学研究中它利弊参半。

我们今天之所以必须认真研究原始社会，是因为它们为我们研究文化形式和文化进程提供了个案材料，有助于我们区分哪些反应属于特定的地方文化类型、哪些为全人类所共有。此外，这些研究也有助于我们判断和理解文化决定的行为所扮演的无比重要的角色。文化及其过程和功能需要我们倾尽全力加以研究，了解尚无文献记载的社会实况将使我们获得无与伦比的最大收益。

第二章　文化多样性

第一节

掘根印第安人（Digger Indians）的一位头人（加利福尼亚人如此称呼他们），曾给我讲了很多他们的旧事。他［拉蒙（Ramom）］是基督徒，带领族人灌溉土地，种植桃杏。然而当他讲到亲眼看见萨满跳起熊舞，跳着跳着便化成了熊，他的手颤抖起来，激动得几乎发不出声。什么也比不上他的族人曾经拥有的力量。他最爱谈他们曾经吃过的沙漠食物，他喜爱每一株被连根拔起的植物，对其重要性了如指掌。他说那时他的族人吃的是"沙漠的力量"，从不吃罐头里装的和肉铺里卖的。后来出了这些新事物把他的族人给毁了。

有一天，拉蒙突然没头没脑地说起如何把牧豆磨成粉、将橡子烧成汤。"太初，"他说，"神给每个民族一只黏土杯，他们从杯中啜饮生命。"我一时没明白这比喻是出自他们部落中我从未见识过的某种传统仪式，还是他自己的想象。这种说法不太可能是他从在班宁[1]（Banning）认识的白人那里听来的，他们不好议论不同民族的精神气质。不管这个比喻从哪里来，在这个谦卑的印第安人头脑里，它清晰而寓意丰富。"他们都用杯子舀水，"他接着说，"可杯子各不相同。我们的杯子碎了。它没了。"

"我们的杯子碎了"。那些使他的族人生活有意义的事物——餐桌上的家庭礼仪、经济体系的责任、村里接二连三的庆典、熊舞中的附体、他们的是非标准，这一切都离他们而去，随之离去的还有他们生活的形式和意义。老拉蒙依旧中气十足，在处理有关白人的事务上居于领袖地位。他并不是说他的族人濒临灭绝，他想表达的是他的族人失去了与生命同等珍贵的东西——完整的标准和信仰体系。其他的"生命之杯"还在，杯子里或许盛着同样的水，但他们的损失无法弥补，这不是东拼西凑便能解决的问题。最重要的是模具，它成为一个整体。他们曾经有自己的模具。

拉蒙所说的都是他的亲身经历，他跨越了价值观和思维方式有天壤之别的两种文化。这是严酷的命运，是我们这些处于西方文明中的人不曾有的经历。我们成长于一种世界性文化之中，我们的社会科学、心理学和神学顽固地无视拉蒙的比喻所表达的事实。

姑且不论人类丰富的想象力，单是生命的过程和环境的压力，就给我们提供了无数的头绪，这些头绪似乎全都可能支撑一

---

[1] 班宁，美国城市名。——译者注

个社会的生存。这里有各种所有制，其中包含可能与财产相联系的社会等级；这里有各种物品及其精巧的工艺；有各式各样的性生活、养育模式和后养育模式；有行会或教会，它们可能赋予社会某种模式；有经济交换；有神祇和超自然报应……我们还能罗列更多。每一样背后都有复杂的文化和仪式，这些文化和仪式占据了绝大部分文化能量，只留下一小部分用来建构其他特征。生活中我们认为至关重要的事，其他民族却不屑一顾，他们的文化取向或与我们的不同，但绝不贫乏。又或者，某种特征虽然是我们与他们共有的，但他们对之不厌其烦，我们看来便觉古怪。

　　文化生活如此，语言亦然。选择是第一需求。我们的声带、口腔和鼻腔实际上能够发出无穷多的声音。英语中的三四十种语音甚至和与之十分相近的德语、法语的语音也不完全相同。没人敢估量世界上各种语言总共使用多少种语音，但每种语言都必须选择并遵守一套发音规则，哪怕别人完全听不懂。一方面，一种语言即便使用数百个可能——以及实际记录——的音素，可能依然无法用以交流。另一方面，我们对与自己语言无关的其他语言会有很多误解，因为我们试图以自己的语音系统来解读他人的语音系统。我们只发一个 k 音，如果另一个民族在咽部和口腔的不同位置发出五个 k 音，我们便完全听不出这些词语和语句的区别，除非我们也学会了这些发音。我们有一个 d 音和一个 n 音，而其他民族可能有一个介于二者之间的发音，如果我们听不出来，一会儿把它写成 d，一会儿把它写成 n，便产生了一个本不存在的差异。语言学研究最基本的前提就是要懂得可能的千差万别的语音，每种语言从中选取自己的那一部分。

在文化中，我们也必须想象一个大弧拱，上面排列着各种潜在的兴趣点，可能由人的年龄周期决定，也可能由环境或人的各种活动决定。一种文化即便重视其中很大一部分，也可能依然像一种语言那样无法让人理解，哪怕这种语言使用了各种吸气音、各种喉塞音，各种唇音、齿音、齿擦音、喉音，从发声到不发声、从口腔到鼻腔。文化之所以成为文化是因为它从这个弧拱上选择了某些部分，每个人类社会都在自己的文化中做了这样的选择。从另一个文化的视角看，每种文化都舍本逐末。一种文化几乎不承认钱的价值，而另一种文化却以钱为各种行为的基础。在一个社会中，技术即便在生死攸关的方面也无足轻重；而在另一个同样简单的社会中，技术成果令人眼花缭乱，而且人们将其用得恰到好处，令人叫绝。有些民族在青春期文化上大费周章，有些则重视死亡，还有些重视来世。

对青春期的重视格外吸引我，一是因为青春期也是我们的文明的一个焦点，二是因为我们掌握了其他文化的丰富信息。在我们的文明中，有大量心理学研究文献强调青春期躁动不可避免。在我们的传统中，这个时期青年的心理特点必然是叛逆，处于青春期的少年闹得家庭鸡犬不宁，就如同人得了伤寒必然发烧。这样的事实毋庸置疑，在美国非常普遍，但我们可以对其必然性打个问号。

随便看看不同社会处理青春期的方式，我们就会发现一个情况：即便在对青春期讨论最多的各种文化之间，受关注的年龄段也存在巨大差异。所以，从一开始，如果我们总想着生理成熟期，那么所谓的"成年礼习俗"就是个不恰当的词语。这些文化里所谓的成熟期是社会性的，相关仪式是以某种方式确认儿童获得成年人的新身份。在不同文化中，行业与义务各不相同，入行仪式也千差万别。如果在一个社会里，成年男性唯一的高尚责任就是出征；而在另一个社会里，成年主要意味着获得戴面具以神祇的身份舞蹈的权利，而战士举行成年礼的年龄会相对较晚，仪式也不同。我们在理解不同的成年礼习俗时，最重要的是了解不同文化中成年期开始的标志，以及人们以何种方法获得成年人的身份，至于对成年礼性质的分析倒不那么重要。一种文化中的成年礼取决于这种文化对"成年"的认识，而不是生理上的成熟期。

在北美洲中部地区，成年意味着参战，获取战功是所有男性的最高目标。那里常见的成年礼主题以及不论年龄都须时刻备战的主题，都化为一场祈愿得胜的仪式。参与者不是互相伤害，而是自我伤害，他们从自己的手臂或腿上割肉、剁下手指、把重物钉在胸肌或腿肌上拖拽。他们认为，通过这样的仪式可以获得强大的战斗力。

澳大利亚的情况与北美洲的不同。成年意味着即将成年的新成员可以参加仅限男性的宗教仪式，其基本特征就是排斥女性，女性不能获得关于这些仪式的任何知识，她们哪怕只是听见了仪式上牛吼器的声音，便要被处死。成年礼非常复杂，参与者象征性地与女性彻底断绝关系。成年男性在象征意义上自给自足，承担社会的全部责任。达到这一目标的途径是剧烈的性仪式，并由此获得超自然的保障。

由此看来，青春期的生理变化即便受到重视，首先也是从社会的角度加以解读。不过，一项关于成年礼习俗的调查揭示了另一个事实：男性与女性在生命周期内生理上的性成熟与它们在文化中的表现并不吻合。如果文化上强调性成熟是根据对此的生理学意义上的强调，则女孩的成年礼应比男孩的成年礼更重要，然而实际情况并非如此。成年礼强调了一个社会现实：在任何文化中，男性的成年权远较女性的成年权意义深远。因此，在上述社会里，人们通常更重视男孩的这一阶段。

也有在仪式上对同一部落内女孩和男孩成熟期一视同仁的社会例子。例如在加拿大不列颠哥伦比亚省的内陆地区，青春期仪式是一次针对所有营生的魔法训练，女孩和男孩都要参加。男孩把石块从山上滚到山下，练成飞毛腿；或者投掷赌博中使用的小棍，以便将来在赌博中常胜不败。女孩从远处的泉眼打水；或者把藏在衣服里的石子扔到地上，将来生孩子便能如石子坠落般顺利。

在东非大湖区南迪人（Nandi）的部落里，女孩和男孩都要参加成年礼。不过，因为男性在文化中占统治地位，所以男孩成长期的训练比女孩的更受重视。在成年礼上，已经获得成年人资格的成员对他们必须接纳的新成员进行考验。他们在割礼上想出千奇百怪的法子折磨新成员,要求新成员表现出最彻底的吃苦耐劳的精神。男孩和女孩的成年礼分别举行,但方法大同小异。新成员不论男女都要穿着心上人的衣服参加仪式。在行割礼时,有人盯着他们的脸,他们不能有一丁点痛苦的表情。如果表现勇敢,他们会得到心上人以十分喜悦的心情给予的奖赏,姑娘们也跑过去接受他们回赠的礼物。女孩和男孩经过这样的仪式,就获得了新的性生活资格:男孩成为战士,可以找爱人,女孩则可以嫁人。对男女两性来说,青春期的考验也是婚前考验,通过者从爱人那里得到棕榈叶作为奖品。

有的社会的成年礼也有可能仅涉及性成熟的女孩,而把男孩完全排除在外。中非地区为女孩设立的催肥屋最稚拙。当地人认为肥胖是女性之美的唯一标准,于是进入性成熟期的女孩便被隔离起来,有时持续数年,人们每天给她们喂食高糖、高脂食物,不让她们运动,还不停地往她们身上涂油。在此期间,女孩学习未来要承担的职责,隔离期结束后,她们要周游一圈,向别人展示其丰腴的身材,之后便嫁给骄傲的新郎。男性在婚前则不必进行这样的外貌改造。

女孩独有的性成熟期仪式通常以与月经相关的各种观念为核心,这些观念与男孩的性成熟期无关。经期女性不洁的观念非常流行,在部分地区,所有相关观念在女性经历月经初潮时都集中表现了出来。在这些情况下,成年礼的特点则与我们上面说的截然不同。不列颠哥伦比亚省的凯列尔印第安人[1]（Carrier Indians）对女孩性成熟的恐惧达到了巅峰。女孩要过三四年与世隔绝的生活，这一时期被称为"活埋期"。在这段时间里，女孩须在远离所有道路的地方用树枝搭一座棚子，独自住在野外。对于其他人来说，哪怕只是看一眼这个女孩也是有害的。她的脚印会污染道路与河流。她要披上用鞣制皮革做成的大头巾，以遮挡住面部和胸部，而大头巾在身后则拖到地面；肘部和膝部要缠上带子，以保护她不为体内充盈的邪气所伤。不仅她本人处于危险中，对其他所有人来说也是威胁。

与月经观念相关的女孩成年礼，很容易让相关个体感觉适得其反。神圣历来有两个方面：可能带来祸患，也可能带来福佑。在某些部落，女孩的月经初潮隐含着超自然的祝福。我亲眼见过阿帕切人（Apache）的祭司跪在一排神情严肃的小女孩面前，接受她们祝福的触摸。需要祛病的婴孩和老人也会赶来。青春期的女孩不是需要隔离的祸患之源，人们蜂拥而至，从她们身上获得超自然的祝福。在掘根人和阿帕切人中，女孩成年礼的观念与月经相关，这些仪式都没有男孩参加。男孩的成年礼包含一些简单的考验以及男性身份的证明，但是并不刻意强调。

由此看来，青春期行为并不由这一阶段的生理特征所决定（即便女孩也是如此），而由社会规定的婚姻或魔法要求决定。由于观念不同，一些部落认为青春期宁静祥和，具有宗教意味；

---

[1] 凯列尔印第安人，主要从事运输业的印第安人。——译者注

而另一些部落则认为青春期危险而不洁，女孩在林中要大声喊叫，提醒别人避开她。我们也见到某些文化中并没有女性青春期的制度。但这些地方男孩的青春期依然十分受重视，例如在澳大利亚的大部分地区，青春期仪式可能是获得男性身份、参与部落事务的途径，而女性青春期却没有任何形式上的确认。

然而这些事实并未回答那个基本问题：所有的文化是否都必须应对这个天生躁动的时期，即便没有明确的制度安排？玛格丽特·米德（Margaret Mead）博士在萨摩亚对这一问题进行了研究。萨摩亚女孩生命周期的每个阶段都有明确标记。婴儿期之后的最初几年，她会与邻家年龄相仿的女孩结成小群体，完全不与男孩来往。她的生活基本局限于村子里自己家所在的那个角落，而小男孩历来被拒之于外。她的唯一职责就是照料婴儿，但并不会因此足不出户，而是带着自己照料的婴儿四处走动，所以看孩子并不太妨碍玩耍。性成熟期开始前的两三年，她长大了，可以承担难一点的任务，学习较为复杂的技巧。这时她的玩伴小群体就解散了。她穿上成年女性的衣服，必须分担家务。这个时期相当无趣，波澜不惊，性成熟并没有带来任何改变。

女孩到一定岁数后，有几年快乐时光，她可以有随意而不负责任的恋爱关系。她总是想方设法让这段时光延长，推迟进入谈婚论嫁的阶段。女孩性成熟本身未经社会认可，人们对她的态度和期望依然如故。女孩在青春期之前的那种羞涩还会保持两三年。在萨摩亚群岛，女孩的生活节奏与生理上的性成熟并未同步，而是由其他因素决定的。性成熟在一个不为人关注的平静阶段悄然发生，这期间不会出现什么青春期冲突。青春期在文化上被忽视，不仅没有任何仪式，而且在女孩的情感生活里以及村里人对女孩的态度上也显得无足轻重。

战争也是文化中可有可无的社会议题。即便都强调战争，不同的文化也可能有截然相反的目的、不同的涉及政权的组织，以及不同的制裁。例如，阿兹特克人可能将战争中获得的俘虏作为宗教祭品。而西班牙人作战的目的是杀死敌人，这在阿兹特克人看来就是违反了游戏规则，阿兹特克人对此不知所措，埃尔南·科尔特斯[1]（Hernán Cortés）遂以胜利者的姿态进入阿兹特克人的首都。

在世界各地，有些关于战争的观念在我们看来比这更离奇。例如，在有些地区，不同的社会群体之间从未发生过有组织的相互残杀。以我们对战争的了解，我们认为在两个部落的交往中，总是战争状态与和平状态交替出现，这是我们可以理解的，当然这也是世人非常普遍的想法。但是，一方面，一些民族根本无法理解和平状态，他们认为和平就等于承认敌对部落的人属于人类，而敌对部落的人，顾名思义，压根不属于人类，即便双方属于相同的种族、拥有相同的文化。另一方面，也有一些民族可能同样无法理解战争状态。克纳德·拉斯麦逊[2]（Knud Rasmussen）曾

---

[1] 埃尔南·科尔特斯（1485—1547），西班牙殖民者首领，阿兹特克帝国的征服者。——译者注
[2] 克纳德·拉斯麦逊，丹麦极地探险家，人类学家。——译者注

提到当他向因纽特人讲述西方社会的战争习俗时，对方一脸茫然。因纽特人完全理解杀人的行为。如果有人碍了你的事，你估量一下自己的力量，如果你做好了担责的准备，就把对方杀掉，社会不会因为你的强势而惩罚你。但是全村人出动与另一个村子的人打仗，或者一个部落与另一个部落打仗，甚至另一个村子成为一场偷袭的合法目标，这种事因纽特人闻所未闻。对他们来说，杀人就是一人做事一人当。他们也没有我们这样的分类：这种杀人行为值得颂扬，那种杀人行为则是死罪。

我本人也曾试图与加利福尼亚的教团印第安人[1]（Mission Indians）谈论战争，结果发现根本不可能。他们对战争的误解太离谱，他们的文化中没有支撑"战争"这一概念的基础，而他们努力理解这一概念，最终却把我们一身正气为之献身的大战理解为街头斗殴，他们没有对二者加以区分的文化模式。

尽管战争在我们的文明中占有极重要的地位，但我们不得不承认它有一种反社会的特质。第一次世界大战之后，乱象丛生。战时言论——战争培养了勇气和利他精神，增强了精神的价值——令人生疑且不安。在我们的文明中，战争最好地说明了由文化选择出某种特质可能造成多大的毁灭性后果。我们认为战争有理，不外乎因为一切民族都认为自己拥有的特质全都有理，而不是因为战争具有经得起客观审视的优点。

---

[1] 教团印第安人，加利福尼亚州南部及中部沿海印第安人的总称，因西班牙圣方济会在这些印第安人中设立教团而得名。——译者注

战争并非孤例，我们从世界各地以及复杂文化的每一个层面都能看到对某种文化特质做出自以为是且常常最终导致反社会的强调。如果传统习俗与生物学原理背道而驰，这样的例子便格外醒目，例如饮食或婚配方面的种种规则。由于一切人类社会都无一例外地强调一定关系内的人禁止通婚，社会组织在人类学中便有特别的意义。没有任何已知民族允许男性把所有女性视为潜在的婚配对象。其目的并非如人们常常假设的那样是要避免近亲繁殖，因为世界上很多地方的男性生来就要娶自己的表妹（通常是舅舅的女儿）为妻。不同民族对于亲属通婚的禁忌完全不一样，但所有的民族都有这方面的禁忌。在人类所有的观念中，乱伦观念的文化解释最多、最复杂。被纳入乱伦范围的群体往往是部落中最重要的功能单位，每个个体对于其他个体的责任取决于他们在群体中的相对位置。这些群体作为宗教仪式或经济交换中的功能单位，其重要性在社会历史中无论怎样说都不为过。

在一些地区，乱伦禁忌相对宽松，尽管存在限制，但男子可娶的女性相对较多。而在另一些地区，乱伦禁忌一直延伸到社会虚构的共同祖先，其结果则是可婚配的对象极其有限。这种社会虚构通过关系称谓明确无误地表达出来。那些地区的人们不像我们这样区分直系亲属和旁系亲属，如父亲和叔伯、兄弟和堂/表兄弟，而是采用与我们不同的分类方法，用一个词表示"我父亲那边（包括关系、地域等）的同辈男性"。澳大利亚东部某些部落所用的亲属分类系统可谓极端，只要是同辈且有任何一点亲戚关系，他们就以兄弟姐妹相称，没有堂/表兄弟的说法，也没有与之相近的类别。

如此称呼亲属关系在世界上并不罕见。然而澳大利亚东部某些部落对男性与"姐妹"通婚的恐惧超乎寻常，因此制定了无比严苛的外婚制规则。例如库尔奈人（Kurnai）采用极端的亲属分类系统，因此对所有男性与"姐妹"发生性关系怀有澳大利亚部落特有的恐惧，也就是说，男性不能和与自己有任何关系的同辈女性发生性关系。不仅如此，库尔奈人对婚配还有严格的地域限制。有时，在部落所在的十五六个地方中，某两个地方的女性只能嫁到对方所在地区，这两个地方的人不能与任何其他地方的人通婚。有时候，某两三个地方的人只能与另外两三个地方的人通婚。更有甚者，在澳大利亚境内所有部落，老年男性享有特权，其中包括娶年轻漂亮的女性。这些规则自然导致了一种结果，即倘若当地某个群体里的年轻男性在娶妻时严守规则，那么这个群体里的女性就没有一位在禁忌之外。那里的女性或者因为与年轻男性母亲的关系而成为他的"姐妹"，或者已经被某个老年男性看中，或者因为一些不那么重要的原因而不能嫁给年轻男性。

然而库尔奈人并没有因此而修改他们的外婚制规则，反而变本加厉地靠暴力执行。于是，想结婚的人只有奋力冲破规则——他们私奔。村里人一旦觉察，便会全力追捕私奔的人。如果一对私奔的男女被抓，只有死路一条。可那些追杀者也是这样通过私奔才结婚的。"道义"压倒一切，不过，有个小岛一直被视为安全庇护所。私奔的人一旦上岛，并在岛上住到第一个孩子诞生，他们便能以一通鞭笞为代价，重新为村里人接受。鞭笞不是闹着玩的，但他们可以自卫。挨打之后，他们就在部落里获得了已婚者的身份。

库尔奈人应对其文化困境的方法并无奇特之处，他们将行为中的某个方面扩大并复杂化，使之成为一种社会责任。之后他们只有两种选择——改变，或者自欺欺人。他们选择了自欺欺人。为了繁衍生息，他们对伦理做了某些心照不宣的修正。文明在进步，他们这种对待习俗的方式却依然如故。我们文明中的前辈也有类似的做法，他们一边坚持一夫一妻制，一边支持卖淫。红灯区最兴旺发达之日，也是对一夫一妻制的赞颂最陶醉之时。社会总会为最受欢迎的传统形式找借口。一旦这些形式失控，人们就不得不借助某种行为加以弥补，这时便会有人出来讴歌传统形式，就好像弥补性的行为压根不存在。

如此站在高处一览人类文化的各种形式，便能清晰地看到几种常见的错误观念。首先，人类文化制度赖以建立的基础是环境或人的自然需求所发出的信号。我们很容易认为这种制度会一直紧扣初衷，然而事实并非如此。在现实中，这些信号只是一些粗略的草图、一串干瘪的事实。它们只是具体而微小的潜在可能，而围绕它们展开的复杂思考，有赖于许多外在因素。战争所表现的并非人好斗的本能。人的好斗实在微不足道，在部落间关系中根本得不到体现。人类文化一旦被制度化，决定其形式的思路并不是原始冲动。好斗仅仅是在"习俗之球"上的一记轻触，稍加控制，人也完全可能不出手。

假如我们对文化过程作如是观，则需要重述我们目前维系传统制度的许多论点。这些论点常常认为人类如果离开某些特定的传统形式就什么也干不了。提出这些论点的人甚至用某些特质证明这种论点的有效性，如从特定的财产所有制中产生的某种特定的经济动力。这其实是一种非常独特的动机，而且有证据表明，即使在我们这一代人中，这一动机也已经发生了很大的改变。总之，我们无须把它当作生死攸关的问题，以免引起误会。自给自足是我们的文明高度强调的动机。即便因经济结构改变，这一动机不再像在西部拓荒和急速工业化时代那般迫切，我们依然能找到许多其他动机来适应新的经济组织，每种文化和每个时代都会从众多的潜在动机中选取几种。变革可能产生严重动荡，导致惨重损失，但这是由变革本身的困难造成的，而不能归咎于我们的时代或者我们的国家恰巧遇到了人类赖以维系的唯一动机。须知变革尽管千难万险，但必不可少。习俗发生一点小变化，我们就大惊失色，实在没有道理。文明变化的剧烈程度往往超出人类任何权力的意志或想象，然而完全可行。今天一点小变化就招致这么多批评，比如离婚率提高、世俗化在城市蔓延、贴面舞会流行，等等，而这些变化在略微不同的文化模式里就是"家常便饭"，它们一旦成为传统，便会与之前的旧模式具有同样丰富的内涵、同样的重要性和同等价值。

这件事的真相在于，不论是简单文化还是复杂文化，每个文化层面都存在人类制度和动机的无数可能性，而人的明智之处正在于对这些差异越来越宽容。人若非在某种文化中成长，并按照这种文化形式生活，便不可能完全参与这种文化，但他可以承认其他文化对于其参与者来说，具有等同于他从自己的文化中所认识的意义。

第二节

文化多样性的产生不仅因为不同社会可以轻而易举地发展或拒绝生存可能具有的一切方面，更因为各种文化特质错综交织。如前所述，任何一种传统的最终形式都远非人类最初的冲动所能决定，而在很大程度上取决于这种特质如何与其他经验领域的其他特质相融合。

一种广泛存在的特质可能饱含一个民族的宗教信仰，是其宗教中的一个重要方面。在另一个地区，这种特质却可能仅关乎经济往来，因此是其货币制度的一个方面。各种可能性不可胜数，变化常常千奇百怪。这种特质在不同地区与不同因素相结合，因而呈现不同的性质。

我们必须对这一过程了然于胸，否则很容易将某一地区诸多特质的融合泛化为社会学法则，或者认为这种融合是普世现象。欧洲雕塑艺术的伟大时代是由宗教推动的。艺术描绘的都是为那个时代视为基本的宗教场景和教义,使之成为公共财产,在那个时期的世界观里,这些是最重要的元素。假若中世纪的艺术作品只纯粹起装饰作用,并未与宗教结伴而行,那么现代欧洲人的审美会是另一副模样。

但从历史的角度看,艺术的蓬勃发展与宗教动机和用处往往明显无关。即便在艺术和宗教都很发达的地区,艺术也可能与宗教完全无关。美国西南部普韦布洛人(Pueblos)的陶艺艺术和布艺艺术在任何文化中都能赢得艺术家的尊敬,然而他们的祭司使用或摆放在祭坛上的圣钵却甚为粗劣,上面的装饰也极为简陋。各家博物馆都不要西南部的宗教用品,因为这些物件远达不到传统工艺水准。祖尼印第安人说:"我们只好放只蛤蟆。"意思是,宗教事大,无须艺术性。也并非只有普韦布洛人将宗教与艺术分离。南美洲和西伯利亚的一些部落也做同样的区分,不过是出于不同的目的。这些部落的人们不在宗教仪式上发挥其艺术才能,因此,我们无法像老一辈批评家那样,在宗教等当地重要主题里发现艺术源头,而是需要更深入地探究艺术与宗教相互融合的程度,以及这种融合对艺术和宗教分别产生了什么影响。

不同经验领域的相互渗透以及由此导致各方的变化,可见于生活的所有方面——经济活动、性关系、民间传说、物质文化以及宗教。普遍存在于北美印第安人之中的一种宗教特质可用以说明这一过程。除了西南部的普韦布洛人,北美洲各文化地区的印第安人都通过梦或幻象获得超自然力。这些印第安人认为与超自然现象的直接接触是现世成功的原因，每个人的幻象是其一生的力量源泉。有些部落的人会不断寻觅新幻象，以此更新他与神灵的关系。不论他看到了什么，动物也好，星辰也好，植物也好，超自然之物也好，都会将他收为私徒，这人可在需要时召唤守护神。他对这位幻象守护神负有义务，要供奉他，还要做各种其他事情。神灵的回报就是把在幻象中应允的特殊能力赋予这人。

在北美的各个大区，对守护神的依赖会与当地文化中的其他特质紧密结合，因而呈现不同形式。在不列颠哥伦比亚高原，对守护神的信仰与我们前文提到的成年礼结合在一起。这些部落的少男少女在青春期要到山里接受一次训练。成年礼在太平洋沿岸地区非常普遍，但这些仪式大多与守护神习俗相去甚远。但在不列颠哥伦比亚地区，二者则合二为一。男孩的训练中最重要的部分即寻找一位守护神，其庇护将决定这个男孩一生的职业。超自然的造访决定他成为战士、萨满、猎人还是赌徒。女孩则会有代表各种家务的守护神造访。这些族群将守护神与成年礼密切结合，熟悉这一地区的部分人类学家甚至认为北美印第安人对幻象的信仰完全源自成年礼，而实际上二者并没有谁源自谁的关系。两种特质在这里相融合，它们都在融合过程中获得了独特而典型的形式。

在北美的其他地区，不论在性成熟期还是其他年龄段，部落里的青年全都无须寻找守护神。于是在这些文化里，即便有成年礼也有守护神，二者却毫无关系。在南部平原地区，成年男性必须接受各种神秘的约束，对幻象的信赖与完全不同于成年礼的特质相结合。奥萨奇人（Osage）以血缘群体为组织单位，血缘按父系推算，母系不算。每个家族有一个代代相传的超自然庇佑，每个家族的传说各自讲述祖先如何获得幻象，得到某种动物的庇护，家族于是以这种动物为名。蚌族的祖先七次求索，以泪洗面，祈求超自然的守护神庇佑。他终于见到了神蚌，开口对它说：

> 哎呀，爷爷呀，
> 孩儿们没有制造身体的材料呢。

神蚌应道：

> 你说孩儿们没有制造身体的材料。
> 让他们用我做他们的身体吧。
> 他们用我做成身体，
> 人人长寿活到老。
> 你看我皮（壳）上的皱纹，
> 那是我长寿的法宝。
> 孩儿们用我做他们的身体，
> 人人能活着看到自己皮肤衰老。

>我蹚过了
>
>（生命的）河湾共七道，
>
>神灵也无法看到我的足迹。
>
>让孩儿们用我做他们的身体吧。
>
>连神灵在内，谁也看不见他们的足迹。

在这些人身上，我们能看到寻求幻象的所有似曾相识的因素，但获得幻象的是家族的第一位祖先，神佑通过血缘代代相传。

奥萨奇人的习俗完整展现了图腾崇拜的全貌，亦即社会组织与对祖先的宗教性神化相互融合。世界各地都有对图腾崇拜的描述，人类学家认为家族图腾源于"个人图腾"，亦即守护神。各地的图腾崇拜与不列颠哥伦比亚高原的非常相似，将寻求幻象与成年礼融为一体；奥萨奇人的不同之处仅在于把寻求幻象与家族祖传特权融为一体。这种新联系具有强烈的效果，幻象于是不再使某人自动获得力量，其庇佑只能通过继承获得。奥萨奇人于是有了讲述祖先奇遇的长篇歌谣，详细描述了后代因此可享受的神佑。

在上述两个案例中，不仅是幻象信仰因在不同地区分别与成年礼和家族组织相融合而具有不同特征，成年礼和社会组织也因与幻象寻求相交织而带上了后者的色彩。这种交织是双向的。幻象信仰、成年礼、家族组织以及与幻象产生密切联系的其他许多特质形成经纬，以许多不同的组合相交织，对结果产生极为重要的影响。在上述两个地区，宗教体验或与成年礼结合，或与家族组织结合，这种风俗的必然结果便是部落的全部个体不论做什么都能借助幻象获得成功；个体不论从事哪个行业，只要有幻象作保证，就能成就事业。一个手气不错的赌徒，或者一位满载而归的猎手，都与一位成功的萨满一样是从幻象中汲取力量的。在他们的规则中，未能获得超自然守护神庇佑的人哪条路都走不通。

然而在加利福尼亚，幻象是萨满的"行业准入证"，使萨满有别于一般人。因此也只有在这一地区，幻象体验变得超乎寻常。在这里，幻象不是靠禁食、酷刑或离群索居便能获得的轻度幻觉，而是一种迷恍体验，是只有格外敏感的社会成员尤其是女性才可能有的感受。在沙斯塔（Shasta）印第安人的传统里，这历来是女性特有的能力。看到幻象的人必须发作强直性昏厥，新手则通常先在梦中得到预兆，然后才有幻象体验。她直挺挺地昏倒在地，苏醒后口吐鲜血。她接受召唤成为萨满之后的数年里，一切仪式都是为了让其他人看到她越来越容易发生强直性昏厥，并通过仪式死而复活。在与沙斯塔人类似的部落中，不仅幻象体验变成了一种剧烈发作，使宗教人员区别于其他人，萨满的特征也因为迷恍体验的性质而有所改变。她们绝对是社群中的敏感人群。这一地区的萨满常常以跳舞的形式一决高下，即跳舞跳到强直性昏厥发作而跌倒，看谁坚持的时间最长。幻象体验和萨满崇拜均因二者的密切关系而发生了深刻改变，两种特质的融合剧烈地改变了两个领域的行为，一如幻象体验与成年礼或与家族组织相融合。

我们的文明也有相同的例子，宗教与婚姻禁忌的隔离在历史上一直非常清晰，然而在数百年的时间里，婚姻被纳入圣礼，这种状况决定了性行为和宗教活动的走向。由于两种本质上无关的文化特质融合在一起，那几百年中的婚姻呈现独特的特点。另外，婚姻又往往是财富转移的传统手段。在这样的文化中，婚姻与财富转移密不可分，其男欢女爱、生儿育女的基本功能可能反倒被掩盖了。在以上任一情况下，我们在理解婚姻的同时必须理解它的其他特质，唯其如此，我们才能避免用同一套观念理解上述两种"婚姻"的错误。我们必须看到由此产生的特质包含不同的成分。

我们迫切需要一种能力，在分析我们文化遗产特质时对之进行分解。倘若通过这种方式明白哪怕最简单的行为也是一个复合体，我们对社会秩序的探讨便能更加清晰。种族差异和威望特权已在盎格鲁-撒克逊各族中深度融合了，我们已分不清哪些事务是生物性的，哪些是社会建构的偏见。甚至在与盎格鲁-撒克逊人关系非常密切的拉丁民族中，这种偏见也以不同的形式存在，因此在西班牙殖民地和英国殖民地，种族差异具有不同的社会意义。再比如，基督教与女性地位在历史上也是互相关联的，在不同时期具有完全不同的相互影响。不论是基督教国家女性目前享有的高地位，还是教父奥利金[1]（Origen）将女性等同于致命诱惑，都不是基督教的"结果"。不同特质的相互渗透时隐时现，文化史在很大程度上是其性质、命运和关联的历史。然而，我们从复杂特质中一眼看到的所谓有机联系，以及我们战战兢兢生怕扰乱的内在关系，其实都是幻觉。不同特质组合的可能性不可胜数，其中很多能为社会秩序提供同样充分的基础。

---

[1] 奥利金（185—253），基督教历史上一位重要的神学家和哲学家。——译者注

第三章　文化的整合

关于文化多样性的记录不可胜数。人类行为的某个领域可能在某些社会中被忽视，甚至人们可能连想都想不到它。它也可能宰制社会的全部有组织行为，无论什么外来情形都必须服从其管辖。历史上各自独立、相互之间没有内在关联的特质融为密不可分的一体，所产生的行为在未曾发生这些融合的地方根本找不到对应的行为。其必然结果便是，行为的方方面面在不同文化中有各不相同的标准，从最正面的到最负面的。我们或许认为夺人性命这件事是所有民族一致谴责的，然而事实并非如此，倘若两个相邻的国家断绝了外交关系，或者依照习俗杀死自己的头生和二生孩子，或者丈夫对妻子拥有生杀予夺的权利，或者子女必须在父母变老之前将他们杀死，那么杀人就不算过错；或者，有人偷了一只鸡、拔掉了自己的上牙、出生于星期三，杀死他们也不算过错。一些民族对过失杀人者处以酷刑，而另一些民族则可能对这种行为不了了之。自杀可能无足轻重，有的人稍微遭人轻慢——部落里常见的事情——可能就一死了之，也可能是明智之人所能做出的最高级、最高贵的事。然而，自杀也能是一件可以当作奇闻逸事说说却难以想象真有人会做的事情。再或者，自杀是一种要受法律制裁的罪行，或冒犯神祇的罪孽。

不过，我们对世界上习俗的多样性也并非只能望洋兴叹。这里的自虐行为和那里的猎人头、这个部落的婚前贞洁观和那个部落的青春期性放纵，并非一串毫无关联的不知哪里会有、哪里会无的事实。同样，自杀或杀人的禁忌尽管没有绝对标准，但也不是纯然随机。即便我们认识到文化行为是地区性的、人为的、多变的，它也并未因此失去意义。文化行为还总是趋向整合，一种文化如同一个个体，其思想和行动多少遵循着一定的模式。每种文化都可能有其他类型的社会所未必具备的特定目标。为了实现这些目标，各民族不断积累其经验，动机愈是急迫，不同的行为便愈将形成相同的形式。最杂乱无章的行动一旦被纳入高度整合的文化，往往会经历最不可思议的蜕变，表现出这种文化特有目标的特征。我们只有先理解一个社会的情感和思想根源，才有可能理解某些行为所采取的形式。

我们不能忽视文化模式的形成，不能认为这是无足轻重的小事。现代科学在诸多领域发现了同一条规则，即整体不仅是所有部分的总和，而且是各部分以独特的方式组合并相互作用，最终产生的新实体。例如，火药并非仅是硫、碳、硝的总和，即便人们拥有关于这三种元素在自然世界中一切形态的大量知识，也依然不能说明火药的性质。三种元素的化合物具有各种元素都不具备的新潜力,其中任何一种元素的行为模式都完全不同于它在其他组合中的情况。

文化亦如是,它大于各种特质的总和。我们可能了解某部落的婚姻形式、仪式舞蹈和成年礼,然而对使用这些元素以实现其目标的整体文化却一无所知。人们为了实现这一目标,从周边地区的诸多特质中选取可用的、抛弃无用的;对另一些特质则加以改造,使其符合自己的要求。当然,整个过程可能始终在不知不觉中完成,然而如果我们在研究人类行为模式的形成时忽略了这一过程,则无法明智地解读它。

文化整合一点也不神秘,它与艺术风格的形成和延续经历相同的过程。哥特式建筑最初不过体现人对高度和采光的追求,后来,在建筑技巧中发展出经典的品位,终于形成了13世纪独特而统一的艺术。它抛弃了不相容的元素,对另一些元素进行修正以为己用,又根据自己的品位创造了一些元素。当我们回顾这一过程时,难免使用一些泛灵论的说法,仿佛这种伟大的艺术形式是有选择、有目地形成的。然而这主要是因为我们的语言形式过于贫乏。实际上,这种伟大的艺术形式并没有自觉的选择,也没有目的。最开始这种艺术形式不过是略微倾向于某些地区性的形式和技巧,后来这种倾向性变得越来越强,再通过越来越明确的标准进行整合,最终形成了哥特艺术。

作为整体的文化也经历了重要艺术风格所经历的这一过程。分别以谋生、婚配、战争和祭神为其目的的杂沓行为,按文化内部生长出来的无意识选择原则构成稳定的模式。一些文化没有发生这种整合,如同某些时代的艺术,还有许多文化我们不太了解,无法理解引发这些文化整合的动机。而发生了这种整合的文化,其复杂程度不一,有些甚至属于最简单的文化。这些文化在整合行为方面获得了或多或少的成功,而其整合方式之多,令人叹为观止。

人类学家几乎一边倒地分析文化特质,却鲜有将文化作为多元融合的整体加以研究。这在很大程度上是受早期民族志描述性质的影响。古典人类学家并不依据对原始民族的一手材料撰写论著,他们是坐在"圈椅"里的学者,所用材料来自旅行者和传教士的逸闻,以及早期民族志学者肤浅而简略的记录。我们通过这些记录或可追踪某些风俗的分布,如拔牙或用内脏占卜,却不可能看到这些特质如何嵌入不同的部落而形成特有的形貌。形貌决定了不同行为的形式和意义。

以《金枝》(*The Golden Bough*)为代表的文化研究和常见的比较民族学研究对各种特质进行分析,却无视文化整合的方方面面。从截然不同的文化中不加区别地零星选出一些行为,说明婚配或丧葬习俗,其结果是像弗兰肯斯坦那样机械地制造出一个怪物:右眼取自斐济,左眼取自欧洲,一条腿截自火地岛,另一条腿截自塔希提,所有的手指和脚趾都是从不同地区拿来拼凑的。这样的形象与过去或现在的现实根本对不上。最大的问题是,这就如同精神病学只罗列心理疾患的症状,却没有研究这些症状所造成的病态行为模式——精神分裂、歇斯底里、躁郁症等。精神病患者行为特质的作用、对整体人格的影响，以及它与经验中其他方面的关系，完全因人而异。我们若对精神过程感兴趣，只有将特定症状与某人的整体状态相联系，才能达到研究目的。

文化研究也存在同样严重的不切实际的情况。我们若对文化过程感兴趣，只有以那个文化中业已制度化的动机、情感和价值观为背景观察特定行为，才能理解其意义。因此，今天，最重要的是研究活文化，了解其思维习惯和制度的作用，这样的知识无法靠"肢解尸体"再重新拼装获取。

马林诺夫斯基[1]（Malinowski）反复强调文化功能研究的必要性。他批评常见的东拼西凑的研究，称其为"肢解尸体"，而我们本可以在"器官"有生命、能工作的状态下对之进行研究。马林诺夫斯基对美拉尼西亚（Melanesia）特罗布里恩（Trobiand）群岛岛民长期广泛的研究，是关于原始民族全貌最好且最早的著作，开了现代民族学研究的先河。然而马林诺夫斯基仅强调特质在其文化中拥有活语境，它们具有功能性。然后他便对民族学研究进行了泛化，把特罗布里恩群岛的特质——义务对等的重要性、地方特色、特罗布里恩的聚居家庭——扩大到全部原始部落，而没有看到特罗布里恩群岛的形态只是已知许多类型中的一种，每种类型都有其独特的经济、宗教、家庭领域安排。

当然，今天的文化行为研究已不能简单地把特定地区的安排

---

[1] 马林诺夫斯基，人类学家，功能学派的创始人之一。——译者注

等同于全体原始民族，人类学家不再把原始文化视为一个整体进行研究。这种从单一向多元的转变开始显示丰富的意义。

现代科学各领域的学者纷纷强调研究完整形态的重要性，指出不能仅耽溺于对部分的分析。威廉·斯特恩（Wilhelm Stern）在其哲学和心理学论著中指出，这是一条基本原则。他认为一切都必须以不曾分割的整体的人为出发点，批评内省心理学和实验心理学流行的原子化研究，主张采用人格形态调查法，整个构造派心理学在不同领域以这种方法展开研究。威廉·沃林格[1]（Wilhelm Worringer）则指出这一方法从根本上改变了美学研究。他对比了两个艺术高度发达的时期——古希腊时期和拜占庭时期，认为旧式的批评，即用绝对概念界定艺术并以古典标准评价艺术，根本无法理解拜占庭绘画和马赛克作品中所表现的艺术过程。我们不能用一种艺术标准评判另一种艺术成就，因为二者所要达到的目的并不相同。古希腊人试图在其艺术中表达他们参与活动的愉悦，试图展现其生命力与客观世界的合一；而拜占庭艺术则以抽象概念为对象，表达与外部自然的深刻分离感。在理解这两种艺术时，除了比较艺术能力，我们更须考虑两种艺术差之千里的目的。两种艺术形式不一样，但都是整合的形态，一方会觉得另一方所采用的形式与标准匪夷所思。

---

[1] 威廉·沃林格，德国20世纪知名的美学家和艺术史学家，以"情感抽象说"在当代美学中占据重要地位。——编者注

格式塔（形态）心理学[1]最好地证明了以整体而非部分为出发点的重要性。格式塔心理学家指出，即便是最简单的感官知觉分析，也无法通过单独的感知解释整体经验。仅仅将感知切割成客观碎片是不够的。主观框架，即过往经验提供的形式，至关重要，不可或缺。自洛克以来心理学一直满足于研究简单关联机制，在此基础之上我们还必须研究"整体属性"和"整体倾向"。整体决定部分，不仅决定其关系，还决定其性质。两个整体属于不同的种类，为理解它们，我们必须考虑它们各自不同的性质，将其置于二者相似的元素之上。格式塔心理学的成就主要集中于可从实验室获得证据的领域，但其影响远远超出了研究中的简单演示。

19世纪的威廉·狄尔泰[2]（Wilhelm Dilthey）强调整合与形态对社会科学的重要性。他的主要研究兴趣是伟大的哲学思想和对生活的阐释。他在《世界观的类型》（*Die Typen der Weltanschauung*）一书中特别分析了部分思想史，揭示出不同哲学体系的相对性。他认为，不同的哲学体系恰恰表现了不同的生活、情绪和感情，这些整体态度中的基本种类不可能互相转换。他强烈反对将这些整体态度中的任何一种态度视为决定性因素。狄尔泰并没有给自己探讨的不同态度贴上文化标签，但他的论述涉及最重要的哲学

---

[1] 格式塔心理学，又译为完形心理学，西方现代心理学的主要学派之一。——译者注
[2] 威廉·狄尔泰，德国哲学家。——编者注

形态，以及腓特烈大帝时期和其他重要历史时期，他的研究自然而然地导向对文化角色日益自觉的认识。

这一观点在奥斯瓦尔德·斯宾格勒[1]（Oswald Spengler）的著作中得到了最充分的阐述。其《西方的没落》（*The Decline of the West*）一书的书名并非出自作为全书主题的命运观，而是出自一个与该书论述无关的论题——文化形貌与生物体一样有无法逾越的"寿命"。他以西方文明中文化中心的迁移以及文化成就的周期性为基础，论述文明衰败这一命题。他在描述中以生物体的生死循环类比文明的盛衰，这样的类比当然也仅止于类比。他认为，每种文明都有灿烂的青春期、强盛的成年期以及土崩瓦解的老年期。

《西方的没落》主要因后一种历史解读而知名，但斯宾格勒在书中最有价值且最具原创性的工作是对西方文明不同形态的分析。他提出了两种重要的人生观：古典世界的阿波罗型的人生观和现代世界的浮士德型的人生观。阿波罗型的人认为自己的灵魂是"由最佳零件构成的宇宙"，在他的世界中没有意志的位置，冲突则是阿波罗型命运观严厉谴责的恶。他从不思索人格的内向发展，在他看来，生命总是处于外界严酷灾祸的阴影下。他最大的悲剧便是正常生存的乐园遭遇恶意毁灭。这样的灾祸可能以同样的方式落在任何个体身上，导致同样的下场。

而浮士德型的人则自视为不断与各种阻碍抗争的力量。他心

---

[1] 奥斯瓦尔德·斯宾格勒，德国哲学家，文学家。——编者注

目中的个人人生历程是内心发展的过程，生命的灾祸源自他以往的选择和经验累积出的必然性。冲突是生存的本质，没有冲突的人生毫无意义，只有表面的生存价值。浮士德型的人渴望无限，他的艺术努力达到无限。浮士德型和阿波罗型是对生存的两种截然不同的解读，一方所推崇的价值观在另一方看来陌生且不值一提。

古典世界的文明建立在阿波罗型人生观的基础上，现代世界一切制度则体现了浮士德型人生观的意义。斯宾格勒还旁及埃及型文化，指出这种文化"认为人生是一条早已决定、不可更改的窄路，其终点是死亡的审判"。他也提及严守身心二元论的祆教（Magian）文化。但阿波罗型和浮士德型人生观是他论述的主体，他还认为数学、建筑学、音乐和绘画是这两种伟大而对立的哲学在西方文明不同时期的表现。

斯宾格勒的长篇论述不免令人眼花缭乱，这不完全是表述方式的问题，更是因为他论及的各种文明存在无法解开的复杂性。西方文明的历史头绪繁多，演化出不同层级的行业和阶层，包含无与伦比的丰富细节。我们对这一切所知不多，尚无法用两三个词语总结概括。浮士德型的人一旦走出极小的知识圈或艺术圈，便会觉得与我们的文明扞格不入。除了浮士德型的人，还有行动的强者和巴比特[1]，符合民族志研究原则的现代世界图景不能

---

[1] 巴比特（Babitt）是美国作家辛克莱·刘易斯小说中的同名主人公，后以此名指城市中产阶级商人。——译者注

无视这些常见文化类型。我们可以用渴望无限的浮士德型来描述一种文化类型，也可以用纯然外向型来描述强者和巴比特，他们奔忙于无尽的世俗事务——发明、治理，借用爱德华·卡彭特[1]（Edward Carpenter）的说法，他们"永远在赶火车"。

从人类学角度看，斯宾格勒描绘世界诸文明时，被一种观念束缚了手脚，以为多层的现代社会文化也像民俗文化那样具有基本的同质性。从我们现有的知识看，西欧文化的历史资料异常复杂，社会分化根深蒂固，我们很难对之做必要的分析。不论斯宾格勒提出的浮士德型的人对研究欧洲文学和哲学有多大的启发意义，也不论他强调价值观的相对性多么有理，他的研究终究不是定论，因为其他的图景也能成立。回望过去，对西方文明这样庞大而复杂的整体或许可以通过回顾进行概括，斯宾格勒假设的各不相同的命运观重要而真实，但是目前不论我们试图选取哪种单一特质来解读西方世界，其结果都会导致混乱。

较简单的文化有利于厘清一些在其他环境中含混不清或未能明示的社会事实，这是研究原始民族的哲学依据，在论及根本且各异的诸多文化形貌时则更是如此。文化形貌使生存形成模式，并塑造参与文化的个体的思维和情感。那么今天研究较简单的民族便是理解如今个体受传统习俗影响而形成习惯模式的最佳途径。这并不是说我们以这种方式发现的事实和过程仅适用于各种原始文明。对于我们所了解的最高级、最复杂的社会，文化形貌

---

[1] 爱德华·卡彭特，英国作家。——编者注

同样必不可少，且意义重大，然而这样的社会所提供的材料过于复杂，且与我们距离太近，因而难以处理。

"绕道而行"反而是了解我们自己的文化过程最经济的途径。达尔文发现人类与其动物王国直接祖先的历史关系过于缠结，因而无法用以确立生物进化过程，便转而利用甲壳动物的结构来研究生物进化。拥有复杂身体组织的人类所经历的进化过程难以厘清，而简单生物的进化过程却一目了然，研究文化机制亦如是。我们需要研究思维和行为在不那么复杂的人群中如何组织，以便获得启发。

我选择了三种原始文明，对其进行细致描述。理解少数几种文化中一以贯之的行为组织，比浮光掠影地观察多种文化更具启发意义。对世界的笼统观察无法使我们理解出生、死亡、青春期、婚姻等互不相干的文化行为如何与动机以及目的发生关联，我们只能先做比较容易的事情，即对少数几种文化进行多方面理解。

第四章　新墨西哥州的普韦布洛人

美国西南部的普韦布洛印第安人在西方文明中是最广为人知的几个原始部族之一。他们生活在美洲中部，对任何跨越美洲大陆的旅行者来说，拜访普韦布洛人都不是难事。普韦布洛人一直按照他们自己的古老方式生活，他们的文化尚未像亚利桑那州和新墨西哥州之外的印第安社会的文化那样分崩离析。他们在自己的石屋村寨里跳着敬神的传统舞蹈，月复一月，年复一年，生活一成不变地继续着。对于我们的文明传过去的东西，他们都按照自己的看法加以改造。

他们的历史相当浪漫。在他们居住至今的美洲地区，四处可见其祖先的家园——岩居洞穴和山谷里规划齐整的大城市，那是普韦布洛人黄金时代的遗留物。这些城市数不胜数，大多兴建于12~13世纪，但我们可以追溯到更久远的历史。在其简单的初始阶段，他们只有些单间石屋，每间石屋有一个地下基瓦会堂（kiva）。然而，普韦布洛先民并非最早在西南部沙漠定居的人。有一支更古老的族群，称为编篮人（Basketmakers）。今天，我们已无法估算他们的居住时间，他们的居住地已被早期普韦布洛人占据，也许编篮人基本灭绝了。

普韦布洛文化基本是普韦布洛人在这片荒瘠的高原定居后才发展起来的，其中包括弓箭、关于石屋的知识，以及多样化的农耕文化。圣胡安山谷南接科罗拉多河，但山谷几乎没有水源，并不宜居。对于普韦布洛文化恰恰在这里达到巅峰的原因，迄今无人做出解释。它似乎是今日美国全境最险恶的地区之一，而墨西哥以北最宏伟的印第安城市群也正是在这一地区建成。这些城市的居所分为两类——岩居洞穴和半圆形的谷底城堡，看起来属于同一文明的同一时期。岩居洞穴在峭壁上开凿，或位于距谷底数百英尺高的凸出岩石上，算得上人类最有诗意的居所。我们今天已无法猜测是什么原因让当时的人把居所建在这样的地方，既远离农田，也远离水源。倘若这些建筑当初用作堡垒，这些显然都是严重的问题。但部分遗址建筑精巧，美不胜收，至今令人赞叹。普韦布洛人的所有居所必有一个地下基瓦会堂，不论其石屋所在的岩块多么坚硬。这个基瓦会堂通常一人高，能容多人聚集，入口处放一架梯子供人上下。

另一类居所，即半圆形的谷底城堡则已展现出现代城市规划的雏形：一堵三层楼高的半圆形城墙，从外部围住城堡，城内层层增高，通向由巨大的石墙重重环卫的地下基瓦会堂。部分谷底城市不仅有多个小基瓦会堂，还有同样沉入地下的大庙，而大庙由完整、坚固的石墙护卫。

早在西班牙探险者前来寻找黄金之城前，普韦布洛文明就达到了巅峰并且开始衰落。很可能是因为北方的纳瓦霍-阿帕切（Navajo-Apache）诸部落切断了水源，最终征服了城市。西班牙人到来时，普韦布洛人已经放弃了他们的岩居洞穴和半圆形的谷底城堡，定居在格兰德河沿岸。他们的村庄延续至今，西与阿科玛人（Acoma）、祖尼人、霍皮人（Hopi）等大西部普韦布洛分支相邻。

因此，普韦布洛文化背后有漫长而统一的历史，我们特别需要了解这段历史，因为这些部族的文化生活与北美洲其他地方的部族的文化生活大相径庭。可惜迄今并无考古发现揭示美洲这一小块地方的文化为何与周边地区的文化渐行渐远，而其内部对生存产生了越来越统一而独特的态度。

我们倘若对普韦布洛人的习俗和生活方式一无所知，也就无法理解其文化形貌。在探讨他们的文化目标之前，我们必须简要了解他们的社会框架。

祖尼人崇尚礼仪，在各种美德中最看重节制与礼貌。他们的生活围绕丰富而复杂的礼仪展开，崇拜诸位面具神、治愈力、太阳、圣物、战争和死亡。其仪式具有固定的形式，有祭官，祖尼人按历法举行拜祭仪式。拜祭仪式是头等大事。西部普韦布洛部落的大部分成年男性大约将其清醒时间的大部分用于此事。他们需要背诵大量祭文，还要记住按日历安排紧密衔接的仪式、各路神灵的复杂关系，以及拜祭不同守护神的复杂程序。未经训练的人会举步维艰。

仪式生活需要人们投入大量的时间和大部分精力。除了仪式的主持者和参加者，所有普韦布洛人，包括"一无所有的"——在仪式中没有任何义务的——女性和家庭，日常交谈也以仪式为中心。仪式进行时，他们终日站在一旁观看。倘若某位祭司生了病，或者在他静修期间没有降雨，村里人便会沸沸扬扬地议论他是否在仪式中做错了什么，以及这次失败会带来什么后果；诸位面具神的这位祭司是不是冒犯了什么超自然神；他是不是静修期未满就回家寻欢作乐了……村里人对这些话题的议论会持续两个星期。如果神的扮演者在其面具上换了一根新羽毛，这便成为最大的话题，其他的话题——羊群、菜园、嫁娶、离异——全都黯然失色。

这种无微不至的关注自有其道理。据说，祖尼人的宗教行为本身就带有超自然的力量。在仪式的每个步骤，倘若程序正确，面具神的服装与传统丝毫不爽，祭品无可挑剔，需数小时才能念完的祭文一字不差，那么人的愿望应得到满足。只需"功夫到家"，这是祖尼人的口头禅。他们的所有教义都规定，倘若面具上的老鹰羽毛中有一根取自鸟的肩部而不是胸部，那就是大事故。每个步骤都有魔力。

祖尼人格外看重模仿魔法。在祭司静修求雨时，他们在地板上滚动圆石制造雷声；他们相信洒水能带来降雨；要令泉眼充盈，只需把一碗水放在祭坛上；用当地一种植物打出泡沫，云便在天空聚集；烟草的烟雾能让诸神"不停止那云蒸雾绕的呼吸"。凡人披着超自然的"皮肉"——颜料和面具——跳起面具神之舞，这样一来，诸神就必须把福佑降到人间。甚至那些与魔法世界关系不那么明显的仪式，也同样透露出祖尼人这种机械对应的思维。每位祭司或祭官在宗教仪式过程中承担着一定的义务，其中包括不能生气。只有心灵纯洁的人才能与正义之神交流。愤怒并非与神交流的禁忌，不过没有怒气是一个指征，说明某人全然沉浸于超自然事务中，这种精神状态能控制神灵，使他们不能收回许诺。它具有神奇的效验。

祖尼人的祭文也是固定的，必须一丝不苟地念完才能生效。这种传统祭文的形式不可胜数，一般是用仪式性的语言描述吟诵者在整个祭祀过程中的责任，以及如何一步一步准备当下的仪式。祭文一一列举诸神的扮演者如何指定、如何采集柳枝做成祈祷棒、如何用棉线将鸟羽绑在祈祷棒上、如何给祈祷棒上色、如何向诸神贡献做好的羽杖、如何拜访圣泉，又如何静修。祭拜的动作和祭文的背诵都不能有丝毫差错。

> 沿着那远方的河流
> 我们的祖先之河啊，我上下寻求，
> 雄性的杨柳兮，
> 雌性的杨柳，
> 分四次砍下笔直的嫩枝，
> 上路呀，
> 我把它们带回我的房子。
> 今天

用我温暖的人类之手

握住这些嫩直的杨柳。

我的祈祷棒啊，从此有了人的模样。

我的祖辈是雄火鸡，

我用它尾部的羽毛一排排，

好似那天上的云彩，

我用雄鹰那轻薄如云的尾羽，

我用那层云一般的羽翼，

我用夏季里所有的鸟儿

那繁茂如云的尾羽，

四次把人形赋予我的祈祷棒。

我母亲是采棉女，

我用她的皮肉，

也就是那粗糙的棉线，

在祈祷棒上缠绕四圈，

捆绑住它们的身体，我给了祈祷棒人的模样。

我的母亲是准备黑颜料的女人，

我用她的皮肉，

覆盖它们四次，

我给了祈祷棒人的模样。

祖尼人的祭文从不会直抒胸臆，不太重要的祭文允许有些微不同，但也仅限于长短略有变化。他们的祭文从不激越，形式上永远温和而有仪式感，祈求生活有序、日日开心、免遭暴力。甚至战争祭司的祭文结尾也是如此。

> 我已经发出了祈祷。
> 我们的孩子，
> 即便他们举起了盾牌
> 身处遥远的野外，
> 愿他们一路平安，
> 愿森林
> 和树丛
> 张开水灵灵的臂膀，
> 庇护他们的心灵；
> 愿他们一路平安；
> 愿他们把每一条路走完，
> 愿他们行路不多时
> 没有艰难险阻。
> 愿每一个小男孩，
> 每一个小女孩，
> 每一个前路漫漫的人，
> 愿他们心灵强，
> 意志坚；
> 在前往晨湖的路上
> 愿你们活到老；

愿你们走完自己的路；

愿你们得到生命的福佑。

愿你们的道路抵达

太阳之父生命之路的起点；

愿你们走完自己的路。

如果问祖尼人任何一种宗教仪式有什么目的，他们张口便答，它是用来求雨的。答案当然多少是人云亦云，但也反映出祖尼人根深蒂固的观念。在诸神赐予的所有福佑中，丰产高于一切，而在祖尼人居住的沙漠地区，降雨是作物生长的首要条件。祭司的静修、面具神的舞蹈，乃至巫医会的许多活动，把能否降雨作为评价标准。"祝你有水"可以代替所有的祝福。因此，诸神降临祖尼人的房间并赐福他们时，有句固定的话："灌满了水。"祖尼人把梯子称为"水梯"，在战场上获得的人的头皮称为"盛满水的皮囊"。亡者也是乘着雨云归来，带来万能的福佑。夏日的午后阴云满天，人们会对孩子说："你爷爷们来啦。"这里的"爷爷"并不指具体的已故亲属，而是泛指所有的祖先。面具神也是雨，他们舞蹈时便将自己——雨水——降至人间。祭司纹丝不动地在祭坛前静坐八天求雨。

你从永居之地

开辟出条条道路。

你的微风吹动浮云。
你送出薄如蝉翼的云彩
饱含生命之水,
来与我们同在。
你的微雨滋润大地,
在这伊提瓦纳[1],
我们父亲
和我们母亲的居所,
那最久远的先人,
你将到来,
带来汪洋浩渺。

然而,在祖尼人常用的丰产祭文中,雨只是一个方面,他们还祈祷扩大菜园和部落,祈求神赐予他们快乐的女人。

还有那带着孩子的人,
背上背一个,
摇板上躺一个,
手里牵一个,
还有一个走在前面。

---

[1] 伊提瓦纳意为"中土",是祖尼人在仪式中使用的名称,指世界的中心。

他们提高人的生殖力的办法出奇的抽象而疏离，我们稍后再论，不过这方面显然是宗教仪式的祈求内容。

祖尼人把主要精力用于这种仪式生活，各种仪式如同齿轮相互咬合。祭司拥有圣器、静修室，有专用的舞蹈和祭文，每年冬至开启这一年的第一场仪式，所有人都要参加盛大的冬至仪式，各种圣器也都要在仪式上使用，一同发挥作用。部落里的面具神会也有类似的圣器和依照日历安排的仪式，其高潮是全部落的盛大冬季面具神仪式，叫作"萨拉科"（Shalako）。巫医会与治疗有特殊关系，因而全年活动，每年举行一次盛大仪式，为整个部落祈求健康。祖尼人的这三大信仰并不互相排斥。某人可以而且在一辈子的大部分时间里常常同时信奉这三种信仰。每种信仰都有神灵附体，保佑他"活下去"，同时要求他精确掌握相关仪式的知识。

祭司在宗教事务中地位最高，共有四位主祭和八位辅祭，他们"紧紧守护孩儿[1]"，是圣人。他们的圣药是其力量所在，按照班泽尔博士的说法，圣药拥有"无以言表的神圣性"。圣药被装在带盖的大罐里，放在祭司家空无一物的内室中。所谓圣药是些两头被堵住的苇管，两两成双，一根盛水，水里放着极小的蛙类，另一根里面放着玉米。两根苇管用长长的原棉线捆在一起。存放圣药的房间是禁区，只有祭司在举行仪式时可以进入。平日家里的一位年长女性或年纪最小的女儿可以在每餐之前进

---

[1] 指祖尼人。

入，侍候圣药。不论出于哪种目的，进入房间的人都必须脱下鹿皮靴。

祭司并不主持公共仪式，但大部分仪式须有祭司在场，或由他们启动最初的程序。他们面对圣药的静修是神秘且神圣的。每年6月玉米长到约1英尺（约0.3米），人们便要为玉米求雨，于是一系列静修开始了。前一位祭司结束静修时，新祭司便接着静修，他们"都非常开心"。太阳崇拜和战争崇拜的首领们也参加静修。他们要静坐冥想，一心一意完成仪式。主祭须静坐八天，辅祭须静坐四天。在这几天里，所有的祖尼人都静待神灵赐雨。一旦降雨如期而至，祭司在静修结束后会在街上接受全体族人的欢迎和致谢。他们带给族人的福佑不仅是降雨，还有生活各方面的扶持。他们作为族人守护者的地位得到了证明，他们在静修期间的祈祷得到了回应。

> 我那些顺梯而下的孩子，
> 我用双手护卫他们，
> 但愿无人刚刚启程
> 就从我手里跌落。
> 哪怕每个小小的甲虫，
> 哪怕每个脏乎乎的小甲虫，
> 我也要牢牢抓在手中，
> 但愿它们谁也不要从我手中跌落。

愿我的孩子都走完他们的路；

愿他们白头到老；

愿他们的道路一直延伸到晨湖；

愿他们走完自己的路；

请抖撒起精神

全心全意眷顾他们。

几位扮神的主祭、太阳崇拜的主祭、两位战争崇拜的主祭共同组成祖尼的统治集团——议事会。祖尼人实行彻头彻尾的神权统治。祭司是圣人，在履行职责时绝不能发怒，未经他们一致认可的东西绝不能拿到他们面前。他们启动祖尼日历上的各种盛大仪式，安排仪式过程，对巫术案进行裁决。他们不像我们今天所理解的统治集团，没有司法和威权。

祭司是宗教仪式中地位最高的人，而面具神崇拜则是最为流行的信仰。这种信仰最能牵动祖尼人的情感，至今依然如葱郁的肉桂树般盛行。

面具神分为两种：面具神本尊，即克奇那（kachinas），以及克奇那祭司。克奇那祭司是超自然界的主宰，也是祖尼舞者戴着面具扮演的对象。他们在祖尼人眼中具有神性，因此对他们的崇拜必须与对舞蹈神本尊的崇拜区分清楚。跳舞神本尊是一群快乐的超自然存在，他们住在遥远的南方荒漠大湖的湖底，在那里不停歇地跳舞。但他们最喜欢回到祖尼人中间跳舞。因此扮演他们便给他们最大的愉悦。人戴上神的面具，便暂时化为超自然神。他不再说人话，只会发出那个神独有的叫声。他成为禁忌，也必须承担临时成圣的人必须承担的所有义务。他不仅要跳舞，还必须在舞蹈之前进行神秘静修，插祈祷棒，并且禁欲。

祖尼人有一百多位不同的面具神，其中许多在舞蹈中组合出现，每一组有三四十位。其他的则六位一组，涂上代表六个方向的颜色——祖尼人把上、下也算作方位基点。每一位神都有不同的服装和面具，在神界的等级制度中有自己的位置，有关于其行迹的神话故事，还有迎接他们降临的专门仪式。

面具神之舞由部落男性组成的会社操持。女性"遇上生死攸关"的事也可入会，但这属于例外。拒绝女性加入并非因为什么禁忌，只是习惯而已，如今这种部落会社只有三位女性成员。自该传统形成以来，其他时期这种部落会社也没有更多女性成员。部落会社下辖六个小组，每个组各有一个基瓦会堂。每个基瓦会堂有人主持，有特定的舞蹈以及各自的会员。

某个男孩属于哪个基瓦会堂，是在他出生时由仪式长老决定的，但入会仪式要等到男孩五岁到九岁，男孩才获得首次参加仪式的资格。班泽尔博士指出，入会仪式并不教授神秘的修炼方式，而是令参与者与超自然力量建立联系。入会仪式使男孩强壮，而且据说还能使他们变得有价值。青春期面具神"吓唬人的克奇那"会在入会仪式上降临，用丝兰鞭抽打入会的孩子。这是一种"驱邪"仪式，"赶走各种坏事"，保证未来祥和顺利。祖尼人从不以鞭笞作为纠正孩子行为的方式。看到白人父母将鞭笞作为惩罚手段，祖尼人总觉得好笑。孩子在入会仪式上当然会害怕，所以大声哭喊也无须感到羞耻，这个仪式因而更难能可贵。

再过些年，男孩一般到十四岁能够承担责任，更强大的面具神要再给他们一通鞭笞。在这个仪式里，男孩会戴上克奇那面具，此时他们便知晓那些舞者并不是从圣湖来的超自然神，而是他们现实生活中的邻居和亲戚。鞭笞结束后，四位个头最高的男孩被选出，与曾经鞭笞他们的"吓唬人的克奇那"相对而立。祭司从"吓唬人的克奇那"头上摘下面具，给男孩戴上。天机泄露，男孩们吓坏了。丝兰鞭也从"吓唬人的克奇那"手中交到对面已戴上面具的男孩手中。男孩们接到命令，鞭笞"吓唬人的克奇那"。这是他们接受的真实世界的第一课：那些未入会者以为是神灵亲自做的事情，今后都将由身为凡人的他们完成。男孩在对面"吓唬人的克奇那"的左臂抽打四次、右臂抽打四次、左腿和右腿各抽打四次。等所有参加入会仪式的男孩都抽打了"吓唬人的克奇那"后，祭司便给他们讲一个古老的神话，一个男孩泄露了克奇那其实是由人装扮的秘密，于是被面具神杀死了。他们从男孩尸体上割下他的头，一路踢到圣湖，却把他的身体抛在路口。所以，孩子对此一定要保密。现在，他们成为祭礼成员，可以装扮面具神了。

但此时他们尚不拥有面具，要等到他们成为拥有财产的已婚男性，才会请人做面具。男性婚后勤劳耕种一年，即可向他所属的基瓦会堂头人申请面具。在他少年时代曾经鞭笞过他的克奇那再次抽打他,然后他要宴请基瓦会堂的成员和那些舞者。他的面具为自己独有,他把面具存放在家里,光耀门庭。在他死后,这副面具会随他入葬,以确保他加入圣湖的克奇那舞者的行列。而没有面具的人则可以随时向有面具的人免费借用。借用者可在面具上涂色,表示他选择的任何一位克奇那,因为面具只要涂上不同的颜色、配上不同的装饰物,就能用来装扮各种不同的克奇那。

对克奇那祭司的崇拜则大相径庭。克奇那祭司的面具并非按需制作,也不能重新装饰以供不同装扮者用于不同的舞蹈。这些面具是永久性的,是崇拜仪式的核心,其神圣性仅次于主祭的圣药。这些面具归特定的家族收藏并保护,据说这些家族从创世之初便开始照料这些面具。每副面具都有自己的供奉者组织,这些组织在祖尼人一年四季的仪式中按要求装扮这些面具。克奇那祭司的永久性面具出现时,装扮者要完成他们烂熟于心的冗长仪式。永久性面具的装扮者与克奇那舞者不同,他们不跳舞,而是在一年的仪式中完成特定的功能,如在男孩入会仪式上抽打男孩,参加萨拉科大典,还要"开启新年"。在祖尼人的超自然架构中,他们是"白昼之子"——祖尼主祭——的对立面,他们是克奇那主祭。

祖尼仪式结构中的第三大部分是巫医会。巫医会的超自然守护神是各路神兽,为首的是熊。舞者装扮成克奇那,巫医会成员则装扮成熊。他们装扮成熊时不用戴面具，而是将带爪的熊前腿皮套在手臂上。舞者不说话，只发出克奇那的叫声，神兽的装扮者也只发出像熊一样可怕的吼叫声。熊具有至高的治愈力，人用它身体上的一部分控制它的力量，对克奇那也是如此。

巫医会掌握着大量秘传知识，这些知识够其成员学一辈子。有些秘传技艺，如赤足走炭火或者吞剑，人须进入更高层的会社方能学习。巫医是巫医会的最高层，他们的"路已经走到头了"。有志向的人必须坐在已知者脚下，学习多年。

人生病时便会召唤治疗者，但治愈力属于会社，而且患者有分担这份力量的义务。因此，患者将来必须正式加入治愈他的治疗者所属的那个会社。换言之，这种巫医会的入会仪式就是治愈一场重病。会员有男有女，未患病而想加入的人也可以通过其他方式入会，但大多数人是疾病治愈后入会。这种入会仪式代价很高，有时新成员经过数年才能完全获得会员资格，并戏剧化地获得一颗新心。

巫医会有祭坛和在祖尼人中地位崇高的圣物。巫医也有自己的灵物，是一穗没有瑕疵的玉米，用最昂贵和美丽的羽毛包裹，安插在一个细藤编织的底座上。巫医有生之年要把这件灵物供奉在他所属巫医会的祭坛上。他去世时，其他人则剥去包裹玉米的珍贵羽毛，将玉米随他葬入墓穴。

巫医会的盛大的公开大典是巫医冬季静修期的高潮，巫医为全部落祛病，此时也最高调地彰显其在部落中的作用。大典之夜，部落里所有会社都在各自的会堂集合，备好祭坛，成员装扮成熊和其他神兽。最后每种神兽都离开，表示带走灾病，保证人身强体健。

祖尼人认为战争会、狩猎会和小丑会都与巫医会捆绑在一起。当然它们之间有些区别。战争会只接纳杀过人的人成为成员，不问杀人原因。只要杀人者曾经给人带来血光之灾，就必须加入战争会，以"拯救性命"，也就是逃避杀人带来的危险。战争会的成员负责掌管部落的头皮屋，他们也是部落的保护者，还要负责维护村里的秩序。战争会不管行医用药的事，而且只接受男性成员，与狩猎会类似。小丑会与众不同，但人们还是把它归为巫医会一类。

祖尼人对舞蹈和宗教仪式的兴趣压倒一切，对娶亲、离异这类家务事处理得很随意，而且这类家务事可以由个人安排。祖尼文化重视社会性，不关注个人事务。祖尼人娶亲之前几乎没有求爱这一步。姑娘向来没机会与小伙儿单独交谈，但是每天傍晚，所有的姑娘头顶着水罐到泉边汲水，小伙儿这时便可埋伏在路上，拦住一位姑娘讨水喝。姑娘若是喜欢这位小伙儿，就会给他水喝。这时小伙儿就能请这位姑娘给他做一支猎兔子的投枪，过后把自己猎杀的兔子送给这位姑娘。除此之外，小伙儿和姑娘不能会面。汲水路上的会面肯定至今是很多祖尼女性唯一的婚前性经验。

小伙儿一旦决定找姑娘的父亲提亲，便要到姑娘家里去。按照标准程序，他要先品尝主人摆好的食物，然后姑娘的父亲问他:"你是有事相求吧?"小伙儿便答:"是啊,我想求娶您的闺女呢。"于是,父亲把姑娘叫出来,说:"她的事我做不了主。她自己说吧。"如果姑娘愿意,姑娘的母亲就到隔壁屋里铺好垫子,姑娘和小伙儿一道住进去。第二天早晨,姑娘给小伙儿洗发。四天后,姑娘穿上最好的衣服,提一大筐细玉米面,到小伙儿家送礼。这是婚事的标准程序,除此之外婚事再无其他礼仪,也不会激发多少社会兴趣。

倘若夫妻不和,希望分手,特别是如果两人没有存活的子女,妻子会特地到仪式餐会上去做服务员。如果遇上心仪的单身男子,二人便安排一次约会。祖尼人从来不觉得女子找个新丈夫有多难。他们女少男多,而且娶妻的男子比一直住在母亲家的男子更体面。男子什么时候都会说"我愿意"。女子觉得自己有着落了,就把丈夫的财物归拢,放在门口,早先则要把它们放到天窗旁边的房顶上。丈夫的财物不多。有些人只有换穿的鹿皮靴,有些人有舞蹈时穿的裙子和饰带、一盒装饰祈祷棒的珍稀鸟羽以及用于涂抹祈祷棒和改涂面具的颜料罐。丈夫肯定把那些更为重要的礼器留在母亲家。他傍晚回到家,看见自己那一小堆财产,拿起来,流着泪回母亲家。他母亲的家人也陪着哭,他们在别人眼里算是倒了霉。但家庭变故也仅惹出些流言,人们很少会有深层情感交流。夫妻按规矩相处,而规矩并未给强烈的感情留余地,不论是嫉妒、复仇,还是不离不弃的依恋。

尽管祖尼人的婚姻自由,但大部分人还是会白头偕老。他们不喜欢斗嘴,大部分人婚姻生活很平静。祖尼人的婚姻并不像我们文化中的婚姻那样,是背后集结了各种传统势力的社会形式。祖尼人的婚姻直接与最强大的制度化社会纽带相抵牾,因此其持久性更令人惊叹。

祖尼人生活在母系家庭,通过拥有和照看圣物等仪式凝聚在一起。房屋和储藏于其中的玉米归家里的女性——外祖母及其姐妹以及她们的女儿所有。不论婚姻发生什么变化,家里的女性一生都不会离开房屋。她们结成坚固的战线,照管属于家庭的圣物,共同守护家庭秘密。她们的丈夫是外人,反倒是通过婚姻加入其他家族的兄弟每逢大事必会回来。静修期家里的圣物被供上祭坛,兄弟们都要回家。是他们而不是家里的女性,一字不差地背诵圣药仪式上的祈祷文,并代代相传。男子每逢大事一定要回母亲家,如果母亲去世,他的姐妹则成为母亲家的家长。一旦他的婚姻破裂,母亲家也成为他的坚强后盾。

这样的血缘关系植根于对祖宅的所有权,通过对圣物的照管得以联结,形成祖尼人的重要社会组织。其成员有着永久而重要的共同利益。但家庭并非经济组织。每一位已婚的儿子和兄弟耕种收获的玉米,都进入妻子家的仓库。只有在母亲家或姐妹家没有男劳力时,男性才帮助其血亲家庭料理玉米地。家庭中共同生活的人组成经济组织,其中包括外祖母及其丈夫、她女儿及其丈夫。丈夫们属于经济组织,但是若论仪式组织,丈夫们则成了外人。

女性在这种家庭中不会面临冲突。她们对丈夫的家人不承担任何义务。男性则需承担两边家庭的义务，他们在一边是丈夫，在另一边是兄弟。当然，在那些名门望族和那些拥有永久圣物的家庭里，男性作为兄弟的义务较他们作为丈夫的义务有更重要的社会意义。男性的家庭地位与我们文化中男性的家族地位不一样，不取决于他对家庭的供养，而取决于他与家庭圣物的关系。丈夫与妻子家中的圣物毫无关系，他只有在孩子渐渐长大后，才能在这个家庭里慢慢获得一点地位，在他可能已经生活了二十年的家庭里作为孩子的父亲有一点权威，而不是作为家庭供养者或者孩子母亲的丈夫。

祖尼人在确定家谱时不太看重经济事务。和所有普韦布洛人一样，祖尼人是富有的，甚至比其他普韦布洛人更富有。他们有菜园和桃园，还有羊群、银子和绿松石。这些财物对男性来说很重要，可以让他获得属于自己的面具，或者支付学习仪式的费用，或者在萨拉科大典上款待部落的诸位面具神。为此他必须提前盖好新房，在暖房宴会上请神降下福佑。还要请帮他盖房的部落会社成员吃一年的饭。要为新房准备梁木，还要在新房落成时宴请部落里所有的人。他要承担无穷无尽的义务，要在盖房的前一年多种庄稼、多养羊。他会得到家族的帮助，对这些帮助他必须一一用实物偿还。当然这是位高权重的男性必须要花的钱，但他本人和其他人判断他的地位时，看的不是他的财富，而是他在仪式上扮演的角色。当地人所谓的"大贵"之家，一定是拥有永久圣物的家庭，而位高权重之人就是在多种仪式上承担责任的人。

一切传统安排都力图消除财富对于执行仪式这一特权的作用。圣物虽被视为个人财产，且需花费财力方能获得，但凡有资格使用圣物的人都能免费使用。许多圣物只能由获得资质的人使用，否则会带来危险，但这些禁忌并非财富禁忌。狩猎圣物归狩猎会所有，但任何人去打猎时都可以携带，只要他承担起使用圣物的一般责任。他必须插祈祷棒，节欲四天，乐善好施，但无须支付租金，拥有圣物的人也不能独霸其超自然力。同理，没有面具的人可以免费借用他人的面具，这不算乞讨或低三下四地求人。

祖尼人如此将特权与对礼器的所有权分开，实属罕见。他们同时还以其他一些更常见的办法削弱财富的重要性。成为拥有多种仪式特权的家族中的一员，比拥有财富更加重要。血统纯正的穷人是祭司的热门人选。此外，大多数仪式需要集体参加。不论是仪式还是其他生活事务，个体总是作为群体的一员参与其中。他可能比较穷，但他所代表的家庭或基瓦会堂会为他提供必要的圣物。仪式会带来巨大的福佑，因此参与的群体总会获益。一个有尊严的人在仪式上扮演角色，并非取决于他所拥有的财富。

普韦布洛人重视仪式，但使他们有别于北美和墨西哥其他民族的并非仪式的数量，而是更深层的差异。墨西哥的阿兹特克文化与普韦布洛文化一样有各种仪式，甚至平原印第安文化也有丰富的仪式传统，平原印第安部落有太阳舞和男性会社，有烟草仪式和战争仪式。

普韦布洛文化与北美其他印第安文化的差异，恰如尼采在研究古希腊悲剧时所命名并描述的那种差异。尼采探讨了追求生存价值的两条截然不同的道路。酒神型的人通过"对生活常规界限和边界的消解"追求生存价值；他试图逃避五种感官施加于他的界限，闯入经验的另类界域，视此为人生最珍贵的时刻。不论是个人经验还是仪式，酒神型的人希望将心理状态推到极限，以达到过度状态。醉酒的状态与酒神型人的追求最为接近，他孜孜以求的是癫狂状态下的幻觉。他也像威廉·布莱克[1]（William Blake）那样，认为"离经叛道是通往智慧之宫的必由之路"。日神型的人则完全不以为然，而且常常对这类经验没有体会。他想方设法从清醒生活中摒弃这种经验。他"只知晓一种法则，即希腊人所说的适度"。他恪守中庸之道，不越雷池一步，从不沉溺于混乱的心理状态。借用尼采的精确措辞，他即使在舞得尽兴时，也"依然不会迷失自我，不会忘记自己的大名"。

西南部的普韦布洛人属于日神型的人。普韦布洛人与周边部族的差异，不能完全套用尼采关于日神型与酒神型的人的论述。我引用的那几句话都是忠实的描述，但细分起来，古希腊人的某些类型在西南部印第安人中没有，西南部印第安人的某些类型在古希腊人中同样没有。我借用古希腊文化术语描述美洲印第安文

---

[1] 威廉·布莱克（1757—1827），英国诗人。——译者注

化形貌，并不是要将二者等同起来，也不是因为美洲印第安人拥有古希腊人的所有心态，而是因为这样的分类凸显了普韦布洛文化与美洲其他印第安文化的差异。

普韦布洛人在执行某些日神型制度时比古希腊人更彻底。古希腊人不像普韦布洛人那样始终如一，更不像普韦布洛人那样不接受日神型生活方式所隐含的个人主义。古希腊人压抑个人主义仅仅是因为它与一些力量相抵牾。而祖尼人的理想和制度对个人主义却是相当严厉。日神型的人遵循的不逾矩和中庸之道体现在祖尼人的共同传统之中。永不越界意味着因循成规和传统，因此任何强烈反对传统的因素在他们的制度中都会受到压制和削弱，个人主义恰是最大的反传统因素。西南部普韦布洛人的日神型哲学认为个人主义具有破坏性，哪怕它改进并发展了传统本身。这并不是说普韦布洛人不改进和发展传统，任何文化都无法抱残守缺，但是带来改进和发展的过程总是遭到怀疑和压制，一切放任个体的制度都遭到禁止。

如果我们不了解普韦布洛人是如何使自己的文化超然于北美其他文化之外的，我们就无法理解普韦布洛人对待生活的思想和立场。我们只有通过对比才能推测出普韦布洛人用了多大力气抵制美洲原住民的大多数特质。包括墨西哥印第安人在内，美洲印第安人整体上是激情万丈的酒神型，他们推崇一切极端的体验，以及人类借以突破日常感官体验的一切手段，视这些体验为至高无上。

当然，普韦布洛人以外的北美印第安人并没有统一的文化。他们几乎在各方面都截然不同，为便于研究我们可将其所处地区分为八大文化区。但他们都有一些习俗本质上属于酒神型，尽管表述各异。其中最普遍的习俗是通过梦或幻象获得超自然力，上文对此已有论述。西部平原地区的印第安男性通过可怕的折磨获得这种幻象，他们从手臂上割肉、断指、将皮带钉入肩部肌肉把自己挂在高杆上晃悠，或者断食、断水撑到极限，他们用尽各种手段获取日常生活之外的体验。在平原地区，成年男性到户外追寻幻象，有人纹丝不动地站立，把双手绑在身后；有人划出一小块地方，自我禁足直到获得福佑。也有一些部落的人到危机四伏的远方云游，有些部落的人专选远近闻名的危险地带。无论如何，追寻幻象的人都要只身前往。倘若祈求者通过遭受折磨获得幻象，或者需要有个人把他挂上杆头，直到获得超自然体验，这位帮手也只做完自己的事就离开，留下祈求者独自受苦。

　　在等待幻象出现时，必须集中精力，这是追寻幻象所需的一切技巧中最重要的一项。年迈的巫医常说："要不停地想着它啊。"有时受苦的人需要以泪洗面，好让神灵对其心生怜悯，进而满足其要求。"我可怜啊，可怜可怜我吧"是常见的祈祷文。巫医教导说："你一无所有，神灵就会眷顾。"

　　西部平原地区的印第安人认为幻象决定人的一生及其成就，如果没有幻象，人生注定失败。"我会贫困一生，因为我没有幻象。"如果幻象事关疗愈，则该人获得疗愈力。如果幻象关乎战争,则该人获得战士的力量。如果他看到双女[1]（Double Woman），则该人易装改性,从事女性职业,按女性习惯生活。如果他获得传说中的水蛇的福佑,则该人有邪恶的超自然力,要牺牲妻儿的性命,成为巫师。每个人一旦希望全面增强力量,或者在某些事务上获得成功,都会求个幻象。人要出征、治病和完成各种杂事——召唤野牛、小孩取名、哀悼、报仇、寻找失物——都得求幻象。

幻象降临时,祈求者可能会出现幻视或幻听,但这也不一定。大多数相关的叙述提到诉求者看见某种动物。幻象初现时是人形,对祈求者说话,给他唱歌,或者传授一句作法的咒语。等到离开时,它才变成动物,祈求者于是知道是什么动物给了他福佑,他需要珍藏何种皮毛、骨头或羽毛纪念此事,并终身将此作为他的圣药。但有些经验也比较随意,有些部落特别珍视贴近自然的时刻,比如独自在河边,或者徜徉在小路上,从这种原本简单的事件中感受到强烈的意义。

超自然力也可能在梦中降临。一部分关于幻象的讲述无疑是做梦的经历,或者发生在睡眠中,或是在不太寻常的情况下发生。有些部落对睡梦中的经历格外重视。刘易斯和克拉克曾抱怨说,他们早年穿越西部平原的时候,没睡过一晚踏实觉。总有老

---

[1] 双女是北美印第安人中流传的神话人物,可表现为双面女子,或者双头双身,常代表男和女、日和夜、善和恶等二元对立的合体,表示选择的力量。——译者注

人半夜起来击鼓，仪式性地重演他刚刚做过的梦。那些梦是宝贵的力量之源。

看见幻象的经历究竟是否带来了力量，只能是由个人决定的问题。幻象的获得是一件主观的事，不论社会如何规制随后的行为。有些经历具有神力而有些却没有，挑选哪些加以珍视，全在一念之间。如果幻象没有使人兴奋，即便它是人经受了折磨才获得的，依然被视为无用。追求幻象的人不敢从中召唤神力，担心作为守护神的动物会降下死亡和耻辱。

西部平原地区这种通过幻象求得神力的信仰，是一种文化机制，它在理论上赋予个体无限自由。个体不论属于哪个家庭，都可以走到户外，获得这种梦寐以求的力量。此外，对于他能想到的一切创新和任何个人利益，他都可以假借幻象之名，他所倚仗的这种权威是独处的经历，他人完全无法评判，更何况这很可能还是他所能获得的最疯狂的体验。个人因此拥有了一种难以匹敌的主动权。当然，在实际生活中，习俗的权威从未受到挑战。个人即便从制度中获得了最大的自由，其创造力也只能带来微小的改变。任何文化中最剧烈的革新在外人看来都不过是一次小小的修正，许多先知因为难以分辨的纤毫之差而被处死也是常事。同理，通过幻象获得的文化许可，不过是用来推翻烟草会举办的雪鸟仪式，代之以草莓仪式；或者，以臭鼬取代野牛作为战斗力的来源。其他限制也是不可避免的，如强调对于幻象效果的验证。只有那些经受了幻象考验并曾成功地领导战斗队伍的人，才能称自己拥有战争神力。在某些部落里，对幻象的考验必须事先提交长老会同意方可实施，而长老会并不接受任何通灵术的指引。

西部平原印第安部落以外的各种文化对酒神型行为的限制更多。在所有看重特权的社会里，幻象这种文化特质显然都会引发冲突，这是一种公然破坏特权的文化机制。冲突激烈的部落可能会出现以下几种情况。超自然经历可能仅停留在口头，有名无实。倘若信仰群体或家庭已被赋予权力，而个人亦可与超自然力自由沟通并知道一切权力来自这种沟通，对前者来说后果不堪设想。可是又没有理由不再宣传自由、公开获取幻象的规则，所以宣传照旧进行，但规则名存实亡。任何人不得行使以任何形式获得的权力，除非此人属于某一信仰团体，并继承了其父在该团体中的地位。奥马哈人（Omaha）严格遵守权力在家庭内代代相传的原则，并凭其巫术法力而受到尊重。但他们并未修订传统规则，即以独处时获得的幻象为超自然力绝对且唯一的授受方式。在北美西北海岸地区和墨西哥阿兹克特人中，声望也是受到保护的特权，虽然有各种折中方案，但它们都不排斥酒神型的价值观。

然而，北美印第安人追求幻象时的酒神型倾向通常无须向贵族及其特权让步。那里的人常通过致幻植物和酒精的作用公开寻求幻象体验。墨西哥的印第安部落饮用发酵的巨型仙人掌球汁，在仪式中进入神佑状态，这些部落视此为至高的宗教体验。与墨西哥阿兹克特人有些关系的皮马（Pima）印第安人，则将酿造这种仙人掌啤酒作为年度盛典。他们靠这种啤酒获得一切福佑。在酿酒典礼上，祭司们先喝下啤酒，然后全体民众都喝，以便"进入宗教状态"。在他们的习俗和诗歌里，醉酒和宗教是同义词，二者都导致云遮雾罩的幻象，同时也带来洞见。仙人掌啤酒将整个部落带入与宗教相关联的兴奋状态。

获得这种体验的更常见手段是食用致幻植物。佩奥特掌又称墨司卡林豆，是墨西哥高地一种仙人掌的嫩球茎，印第安部落会在步行可及范围内采食这种植物，而其球茎远销至加拿大边境地区。这种植物总被用于仪式，其效果远近闻名。人吃了这种植物会产生飘浮感，看见色彩艳丽的图像，并产生强烈的情绪，或是万念俱灰，或是从一切不满与不安的情绪中获得解脱，但不会产生运动障碍或性亢奋。

美洲印第安人至今盛行佩奥特掌崇拜，它融入俄克拉何马州印第安部落，许多更为久远的部落仪式在这种崇拜面前黯然失色。而这种崇拜不论在何处总是关联着对待白人的态度——有时是以宗教形式抵制白人势力，有时则是迅速接受白人文化。这种崇拜中也融入了许多基督教元素。人们采用领圣餐的方式服用佩奥特掌，将这种仙人掌在人群中传递，先吃一口佩奥特掌再喝一口水，一圈一圈地传递佩奥特掌，一边歌唱一边祈祷。庄重的仪式持续一整晚，佩奥特掌的致幻作用则持续到第二天。有些地方的人要连吃佩奥特掌四个晚上，以致四个白天人们都只能在亢奋中虚度。崇拜佩奥特掌的教派将之等同于神祇，成员把一枚大芽苞供奉在祭坛上，顶礼膜拜，认为它是一切善的来源。"我这辈子只认这一种圣物"；"只有这种植物具备神性，帮我摆脱了一切邪恶"。佩奥特掌深得人心，并具有宗教权威，它导致的迷恍状态使人获得酒神型体验。

曼陀罗毒性较强，使用范围较小，一般仅在墨西哥和南加州的一些部落中使用。在南加州部落，曼陀罗用于男孩成年礼上，男孩在其作用下获得幻象。据说有些男孩喝曼陀罗汁送了命。喝了曼陀罗汁的男孩陷入昏迷，有些部落的人说这些男孩昏迷一天，有些部落的人则说他们昏迷长达四天。这些部落以东的莫哈维（Mojave）印第安人为了在赌博中取胜而食用曼陀罗，据说四天不省人事。在这四天中，他们会在梦中得到获胜之道。

除了南部普韦布洛人，我们在北美各处的印第安人中都看到这种酒神型信条和带来超自然力的幻象—梦境习俗。普韦布洛人周围生活着许多印第安部落，这些部落追求幻象，途径可能是断食、受酷刑、食用致幻植物和酒精。但普韦布洛人拒不接受错乱体验，也不从这种体验中获得超自然力。倘若哪位祖尼人出现了幻视或者幻听，其同伴会认为这是其行将就木的征兆。这类体验应该避免，而不是通过断食来追求。普韦布洛人的超自然力来自部落会社成员的身份，想获得这种身份的人需要付出财力和心力，要学习仪式祭文。不论是在准备入会的阶段还是在入会仪式上，或此后付出财物获得晋升，或行使宗教优先权，超自然力都不会越过稳重冷静的界限。普韦布洛人既不追求也不推崇癫狂状态。然而他们也会有追求幻象时普遍存在的行为——寻找险境、与鸟兽为友、断食，相信超自然经历带来的特殊福佑，但是这些与酒神型体验无关，而是有完全不同的一套解释。普韦布洛男性在夜间到可怕的地方去聆听，不是为了穿越界限与超自然界交流，而是占卜吉凶。把他们吓得魂不附体的经历只是一个小考验，其中的大忌是在回家的路上回头看，不论有什么东西尾随，他们都不能回头。这种行为表面上看似与追求幻象大同小异，两者的行为主体都要外出，准备完成艰难的任务——西南部普韦布洛人常常搞一场赛跑，都必须面对黑暗、孤独和动物的出现，但这种体验在别处是酒神型的，而在普韦布洛人这里只是机械地接受预兆。

美洲印第安人最常用的自发幻象技巧是断食。普韦布洛人对断食有自己不同的解释。断食不再是激发潜意识体验的手段，而是仪式前的斋戒要求。普韦布洛人认为最不可思议的理论就是把断食与亢奋联系在一起。祭司在静修期、参加舞蹈或者比赛之前，以及在无休无止的仪式期间，必须斋戒，但他们的斋戒从不是酒神型的，其后果绝非获得力量的体验。

对西南部普韦布洛人来说，食用曼陀罗与断食技巧差不多。尽管他们也食用曼陀罗，但其毒性已减弱，如同拔掉了毒牙的毒蛇的毒性。普韦布洛人不会像南加州的印第安人那样，在一至四天的时间里沉溺于曼陀罗导致的迷恍状态，而是像古代墨西哥人那样，用这种致幻植物来发现窃贼。祖尼人的做法是，主持仪式的祭司把少量曼陀罗放入当事人嘴里，然后到隔壁房间，听服下曼陀罗的人说出罪犯的姓名。服下曼陀罗的人片刻后就陷入昏迷状态，他小睡片刻就要起身在房间里踱步。据说早晨他就完全不记得之前接收的信息了。祖尼人特别关注清除致幻植物的一切痕迹，他们常用以下去除神性的技术用来去除这种草药所带来的危险而又具有神性的东西：先给人服用四次催吐剂，认为这样他便可排出体内所有残留的毒素；然后让他用丝兰花皂水洗发。祖尼人使用曼陀罗的另一种情况更与酒神型目的无关。在某些仪式上，祭司们要在夜间到野外插祈祷棒，"请求鸟儿唱求雨歌"，这时需将极小剂量的曼陀罗根粉放入每位祭司的眼、耳、口中，但这时毒素对身体没有任何可见的影响。

　　普韦布洛人对待佩奥特掌的态度更是与周边其他印第安人截然不同。他们的居住地邻近墨西哥高地，那里正是佩奥特掌球茎的产地。与他们常有往来的阿帕切人和平原印第安人都食用佩奥特掌，但普韦布洛人没有这种习俗。只有陶斯[1]（Taos）的一个很小的反政府组织食用佩奥特掌。但这个组织向来与普韦布洛人格格不入，倒是更接近平原印第安人。其他地方的普韦布洛人始终不接受佩奥特掌，他们严格遵循日神型道德观，不信任、不接受任何导致个体逾越规矩、丧失理智的经验。

　　对麻醉品的强烈抵制使得酒精从未给普韦布洛人带来管理问题，而美国其他印第安人保留地都难逃酒精问题的困扰。政府的

---

〔1〕 陶斯，美国新墨西哥州的一个城镇。——译者注

所有规定在印第安人对威士忌的热爱面前都失效。但是在普韦布洛人中间，这从来不是个严重问题。不论是从前还是现在，普韦布洛人都不制造任何麻醉品。他们也不像阿帕切人等周边其他印第安人那样，男性不论老少，每一次进城都放浪形骸。并非普韦布洛人的宗教禁止他们饮酒，而是出于更深层的原因，他们对醉酒深恶痛绝。祖尼人刚一接触酒精，长老们就自发地将之定为非法的，他们的规定合情合理，大家都普遍遵守。

酷刑更是始终遭到普韦布洛人的抵制。普韦布洛人特别是东部普韦布洛人，与两种非常推崇自虐的文化保持着接触：一种是平原印第安人的文化，另一种是墨西哥天主教苦行兄弟会的文化。普韦布洛文化与已经消失的古代墨西哥酷刑文明有诸多共同特点。古代墨西哥人几乎在所有仪式上都要从身体的某些部位，特别是舌头，歃血祭神。在平原印第安部落，自虐已成为一种专门的手段，使人进入无意识状态，以获得幻象。新墨西哥州的天主教苦行兄弟会是中世纪西班牙鞭笞派在世界上遥远一隅的余脉。该兄弟会成员至今保留着在耶稣受难节模仿耶稣受难的仪式。在仪式的高潮，一名教徒扮演的基督被钉上十字架。在耶稣受难节的清晨，苦路游行的队伍从苦行者教堂出发，"基督"背负着巨大的十字架，步履艰难。会众们跟随其后，缓慢行进。他们把带刺的梨果仙人掌绑在佩奥特掌上，一步一鞭地抽打自己赤裸的后背。远远望去，其后背宛如披着一块鲜艳的红布。"苦路"长约1.5英里，走到尽头时，"基督"被绑在竖起的十字架上。如果扮演者或者鞭笞者在这一过程中死去，其家人将死者的鞋摆在家门口，不能为其举哀。

但普韦布洛人从不自虐。每位男性的指头都齐全，没有疤痕。只有在逼人承认实施妖术时，普韦布洛人才会对人的手施加酷刑。他们的背部没有伤痕，他们也没有割皮的疤痕。他们没有歃血的仪式，也不使用人血祈求丰收。过去也曾有少数入会仪式进行到高潮时发生自我伤害的事件，但这几乎相当于大学生的玩闹。例如在仙人掌会（一个战士信仰组织），其成员用仙人掌叶片做的鞭子抽打自己，或互相追打；敬火会的成员则像抛撒彩屑一般投掷火焰。但这两种情况既不涉及心理伤害，也不追求极端体验。普韦布洛人和整个平原地区的耍火表演当然都不以自虐为目的。在踏火表演中，不论表演者采用什么手段，反正不会烫伤双脚；吞火表演者也不会烫伤舌头。

普韦布洛人的鞭笞同样不以折磨人为目的，抽打不会见血。而平原印第安人通过抽打等极端行为获得荣誉。但祖尼人的孩子在青春期或更小的时候，在部落成年礼上受到抽打时，可以哭喊，他被引荐给面具神而受到惊吓时，甚至可以喊妈妈来相救。成年人想到要把孩子手心抽肿，心里就难过，下不去手，鞭打是为了"赶走厄运"，换言之，这是人们笃信的驱邪仪式。尽管普韦布洛人的行为与其他地区的自虐行为相同，但在普韦布洛文化中，抽打与自虐完全无关。

断食、折磨、致幻植物和酒精、幻象都不是为了达到迷恍状态，舞蹈同样也不是通向迷惘的道路。西南部普韦布洛人花在舞蹈上的时间之多，或许超过北美任何其他印第安人。但普韦布洛人跳舞的目的从来不是让自己陷入无意识状态。古希腊酒神崇拜中最著名的便是狂烈的舞蹈，北美洲印第安人也多是这种情况。19世纪70年代风靡美国的印第安幽灵舞是一种圆舞，舞者不断重复单调的动作，直到身体僵硬，接二连三扑倒在地。昏厥期间，他们产生了摆脱白人统治的幻象，这时舞蹈仍在继续，不断有人扑倒。北美数十个印第安部落中的大多数有这种习俗，每逢周日便举办这样的舞会。其他一些更为古老的舞蹈也是十足的酒神型舞蹈。在墨西哥北部的印第安人部落里，人们甚至在祭坛上舞至口吐白沫。加利福尼亚州的萨满舞者必须跳到全身僵硬昏厥。麦都人[1]（Maidu）过去有举办萨满舞比赛的风俗，在其他舞者全都倒下后还能独自坚持的舞者，也就是抵御住舞蹈催眠作用的舞者，成为优胜者。在西北海岸，整个冬季仪式都是为了驯服从林中归来被鬼魂附体因而疯狂的青年。新成员的任务就是做出各种疯狂举动，他们像西伯利亚的萨满一样舞蹈，有四根绳子从四个方向拴住他们，以防他们伤害自己或其他人。

凡此种种，在祖尼人的各种舞蹈场合丝毫不见踪迹。祖尼人的舞蹈与他们的仪式诗歌一样，通过单调的重复迫使自然界的各种力量显现。他们不知疲倦地踩脚聚拢天上的水雾，积成云层，

---

[1] 麦都人，北美印第安人部落之一，居于加利福尼业地区。——译者注

继而迫使雨水普降大地。他们完全不追求迷恍体验，而是彻底与自然合一，强迫自然力顺从于人的目的。这样的目的决定了普韦布洛人各种舞蹈的形式和精神中没有任何狂放不羁的东西。这些舞蹈赖以生效的手段是越来越激烈的节奏以及四十人动作齐整划一的完美。

D. H. 劳伦斯（D. H. Lawrence）对普韦布洛人舞蹈的描述尤为准确地传达出这种品质："所有人一边齐声歌唱，一边如鸟儿般跳跃，步履轻柔而坚实，这是舞蹈的全部。他们身体微微前倾，肩、头放松而下垂，双脚有力而轻柔，一步一步地把节奏传至地心。鼓声敲出心跳的节奏，一小时接一小时，持续不断。"他们的舞蹈有时是祈求玉米种子破土发芽；有时是跺脚召唤猎物；有时是聚拢云朵，令其在沙漠午后的天空渐渐堆积，只要天空出现积云，哪怕并无降雨，也是超自然对舞蹈的回应，说明他们的仪式被神灵接受了。如果降雨如期而至，那么自然表明舞蹈的力量起作用，降雨是神灵的应答。普韦布洛人在西南部地区的倾盆大雨中不停歇地跳舞，被打湿的羽毛沉甸甸的，刺绣的短裙和披肩也湿透了，但他们博得了神祇的欢心。小丑在深深的黏土泥浆里嬉戏，躺在泥潭里滑行，赤足在稀泥浆里嬉耍。他们认为舞动的双脚制服了掌管风暴云的自然力，舞动的双脚拥有带来雨水的力量。

普韦布洛人的舞蹈与其近邻的舞蹈有相同的形式，这些形式本身具有酒神型意义，但普韦布洛人运用这些形式时十分清醒。

墨西哥北部的科拉人[1]（Cora）有一种旋转舞，那一地区许多部落跳这种舞。舞到高潮时，舞者达到其所能企及的最快旋转速度和最大限度的无意识，身体边旋边倒，最后跌翻在泥土堆起的祭坛上。如果在其他时间、其他场合，这便是渎神行为，但此时此刻这种行为具有最高的酒神型价值。舞者在疯癫中毁坏了祭坛，在其践踏之下，祭坛归于沙土。舞蹈结束时，舞者倒在已经毁坏的祭坛上。

霍皮人在地下基瓦会堂跳蛇舞时也会舞上祭坛，但舞蹈不会令舞者达到癫狂状态，而是有成套规定动作，这种蛇舞类似于弗吉尼亚里尔舞（Virginia Reel）。普韦布洛人最常见的舞会形式是两组人轮舞。两组人交替从舞场的两侧上场，每轮舞蹈主题相近，略有变化。到最后一轮，两组人同时从两侧上场。前述基瓦会堂蛇舞是羚羊会的舞者与蛇舞者对舞。第一轮，羚羊祭司先出场，他下蹲，绕祭坛转圈，然后下场，蛇祭司重复一遍。第二轮，羚羊祭司口含藤条，在新会员面前舞蹈，让藤条掠过他们的膝盖。他下场后，蛇祭司上场，口含一条活响尾蛇，做同样的动作，让蛇掠过新会员的膝盖。最后一轮舞，羚羊祭司和蛇祭司同时上场，下蹲，随后不是绕祭坛而舞，而是在祭坛上舞蹈，整支舞结束。这是固定的顺序，颇似莫里斯舞[2]（Morris），跳舞时

---

[1] 科拉人，北美印第安的一个部落，居于墨西哥以北。——译者注
[2] 莫里斯舞是一种英国传统民间战舞，舞者手持棍子或剑，敲击出明快的节奏。——译者注

舞者始终保持完全清醒的状态。

霍皮人在舞蹈中使用蛇并非为了追求危险、恐怖的气氛。我们的文明对蛇普遍存在恐惧，因此我们误读了蛇舞，把自己在相似情况下产生的感觉转移到了蛇舞者身上。但美洲印第安人并不认为蛇是恐怖的动物，他们认为蛇是神物，有时候它们因为这种神性而具有危险性，一切神灵或"马尼托"（manitou）都可能具有危险性。但印第安人对蛇并没有我们这种无理由的厌恶，他们也并不因为蛇会咬人而格外怕它。有些印第安民间故事以"所以，响尾蛇没什么危险"结尾。响尾蛇的习性使它易于被驯服，印第安人耍弄它们易如反掌。蛇舞中的舞者对蛇的情感基调不是日常的恐惧或反感，而是会众对其守护动物神的敬畏。更何况有多种证据表明，蛇舞中使用的响尾蛇都已被摘除或弄破毒囊。舞者跳完舞之后把蛇放走，其毒囊会重新长出并充满毒液，但舞蹈期间毒蛇不会伤人。如此看来，霍皮人蛇舞者的精神状态既非世俗意义上也非超自然意义上的酒神型状态。这充分说明客观上相同的行为，因反复灌输的思想不同，或为酒神型的追求危险、令人生厌的体验，或为举行清醒、严肃的典礼。

不论是食用致幻植物还是喝酒精类饮品，不论是通过断食、折磨还是舞蹈，普韦布洛人都既不追求亦不容忍超出一般感官常态的体验，他们与这类混乱的个人体验毫无关系。他们的文化崇尚适度，没有给上述体验留任何余地，因此他们也没有萨满。

萨满教属于人类最普遍的制度。萨满是宗教从业人员，他通过各种各样的个人经验成为其部落里具有超自然力的人，并直接从神祇获得法力。萨满如同卡珊德拉[1]和其他预言者一样，因为疯癫而成为宗教从业人员。在北美洲，萨满通常有过幻象体验，而祭司则是仪式的主持者和宗教活动的管理者。普韦布洛人没有萨满，只有祭司。

祖尼人或是通过各种关系，或是因为他们付出财物从各种社会组织中得到升迁而成为祭司，或是因为被主祭司选中在本年度的仪式中扮演克奇那祭司。无论哪种情况，他们只有记住各种仪式的动作和祭文，才能获得祭司的资质。祭司的权力完全来自其所履行的职责和举行的仪式。他们必须在仪式上一字不差地说祭文，要保证完成的每一个复杂庆典与多年的传统相一致。祖尼人的语言里表示权势者的词的意思就是"行家"。大多数宗教活动、比赛、赌博、治疗中有"行家"，他们是从传统渠道分毫不差地学到法力的人。无论何时，他们都不能凭借其法力而自创动作，在某些特定阶段甚至不能接近超自然，除非得到全体祭司的同意。全体祭司都必须在指定且全体人知晓的时刻说每句祭文、完成每个崇拜动作，并遵循传统的方式。祖尼人最个人化的宗教行为是插祈祷棒，将为神精心准备的供品插入圣地，使之向神灵传达特定的祷告。然而，祈祷棒也不是人人都能插的，哪怕是最高祭司也不行。祖尼人有一个民间故事，讲一位主祭司做好了祈

---

[1] 卡珊德拉，希腊神话中的特洛伊公主，声称能预卜凶吉却无人相信。——译者注

祷棒，便出去把它插在地上，但那时月亮还没升到巫医会插祈祷棒的地方，于是人们都说："主祭司为何插下了祈祷棒？他一定在施法术。"这位主祭司的确在用他的法力报私仇。即便主祭司也不能私自实施最个人的宗教行为，而且对较正式的行为更须加倍小心，必须得到公众同意，个人祈祷必须在没有任何人质疑的情况下进行。

普韦布洛人的祭司制度和其他美国原住民的萨满制度选择并反映了两种截然不同的人格类型。平原印第安人的一切制度都倾向于能够轻易获得权力的独立男性。这种男性比其他人得到更多奖赏。克劳印第安人[1]（Crow Indian）带着幻象归来之后做出的革新也许微不足道，但是没有关系。每一位佛教僧人和每一位中世纪基督教神秘主义者在其幻象中看到的，其同伴以前也曾看到过。然而，他们以及克劳人可以凭其个人体验而宣示法力或神性。克劳人带着幻象赋予的力量回到其群体中，其部落将他们接受的神谕作为神赋特权。每位巫医在治疗时了解自己的法力，不需要其他任何信仰。这种信条在实践中不断被修正，因为人即便在试图藐视传统的制度时，也依旧会延续传统，但他们的宗教信条恰在文化上为独立自主和个人权威保留了很大的空间。

平原地区的这种独立自主不仅表现为萨满教，而且表现为这一地区的人们对游击战孜孜不倦的热情。他们的战阵通常不超过十二人，战士单打独斗，与现代战争严格的纪律和服从截然相

---

[1] 克劳印第安人，以乌鸦为图腾的印第安人，居于北美平原地区。——译者注

反。这种游击战就是一场个人累积得分的游戏。放跑对方拴好的马、触摸到敌人、割下对方的头皮都能让印第安人得分。每个人靠着一己的莽撞尽可能多地积攒分数，凭得分加入会社、宴请宾客、获得当首领的资格。平原印第安人倘若没有独立行动的意愿和能力，便无法为其社会所接受。早期探险家的见证、在与白人的对抗中脱颖而出的豪杰，以及与普韦布洛人的差异都说明由其制度所塑造的人格的人与尼采所谓的"超人"非常接近。他们认为男性的人生就是通过宴饮和胜利在会社的等级制度下一路升迁，获得超自然力。平原印第安部落的男性一生行事主动，他们的英勇事迹为自己带来个人优势，他们可以之为资本，在仪式上自我夸耀，也可以各种方式利用这些事迹达到个人目标。

普韦布洛人的理想男性却截然不同。个人权威恐怕是祖尼人最看不上的品质。"追求权力或知识的人，希望成为被他们轻蔑地称为'人民领袖'的人，到头来只会遭到谴责，甚至会以巫术罪遭到迫害。"这是常见的情况。祖尼人认为承担责任是表现权威的行为，而行巫术则是一桩罪行。受到这种指控的人要被绑着拇指吊起来，直到此人"认罪"。祖尼人对付有强烈个性的人也就仅止于此。他们心目中的理想男性有尊严、有亲和力，但从不想出人头地，从不招惹邻居的议论。任何冲突都对男性不利，哪怕他完全有理。甚至在赛跑这样的竞技活动中，每次都赢的那个人也会被禁赛。祖尼人对游戏的兴趣在于人人机会均等，一个出类拔萃的跑步健将令整个游戏索然无趣，他们不欢迎这样的人。

据班泽尔博士记载，一个好人应该"言谈宜人，性情随和，心胸宽广"。对完美无瑕的同乡最高的赞美就是："他很有礼貌，从不传闲话，也从不惹麻烦。他以獾为图腾，在姆赫科微（Muhekwe）基瓦会堂，参加每一次夏季舞会。"祖尼人说，好男人要"健谈"，意思是，他应该永远令人感到放松；不论耕作还是举行仪式，他永远要善于与人轻松合作，永远不能表露半点骄傲或强烈的情绪。

这种人要回避仕途，不能存当官的念想，除非别人把官职强加于他。基瓦会堂必须选人任职时，所有男性都被锁在会堂里，直到某人的推辞被众人拒绝。民间故事里的好人总是不愿从政——尽管他们最后都有官职。男性永远不能摆出领导的样子。被选中的人终于接受了请求，走马上任，他所获得的权力与我们所理解的也不一样，他的职位并不赋予他对重要行动做决定的权力。祖尼人的议事会由最高祭司组成，可是发生冲突或暴力事件时，祭司并没有裁判权。他们是圣人，不管吵架、斗殴之类的事。只有战争首领有一定的行政权，但它们主要是和平时期的治安权力，而不是战时权力。他们宣布下一次猎兔或舞会开始的时间，召集祭司，与巫医会合作。巫术是他们自古需要治理的罪行，另一种罪行是向尚未入会的男孩泄露克奇那神的秘密，克奇那崇拜的头人会召唤面具神来亲自惩罚犯下这种罪行的人。除此之外，也就没有其他罪行了。偷盗事件鲜有发生，且属于私事。通奸不算犯罪，由此引发的冲突通过婚姻安排便可轻松解决。双方很快就通过赔款解决了人们记忆中唯一一桩谋杀案。

高级议事会的祭司因而不为俗务所扰,专心主持一年中的重要庆典。一个不听话的小祭司随时可能扰乱高级议事会的计划。例如,小祭司只需生生闷气,拒不建祭坛,或者不装饰他的克奇那祭司面具,高级议事会便只有等待,将仪式推迟。但现实中人人都很配合,祭司从来不需要动用权力。

与宗教事务一样,家庭事务也根本不需要有人出面行使权力解决。母系家庭实行从母居,权力分配模式自然不同于我们所熟悉的形式,但母系社会家庭通常并非没有主事的男性,只不过父亲没有资格扮演此角色。母亲的兄弟作为母系家庭里的男性家长,扮演了仲裁者和一家之主的角色。但是祖尼人不给母亲的兄弟任何权力,当然也不给父亲任何权力,这两者都不负责管教家里的孩子,家里的男性反倒对婴儿更加慈爱。他们在婴儿生病时抱着婴儿,晚上则把婴儿抱在膝上,但是他们并不管教婴儿。与宗教生活一样,合作精神使得家庭生活名副其实,从没有难缠的事。有什么难缠的事呢?在全球几乎所有文化中,婚姻多少需要靠权力规制,但是普韦布洛人对婚姻鲜有定规。世界上其他地方的婚姻一般牵涉财产权和经济交换,在这种情况下,年长者总是拥有特权,但是祖尼人的婚姻并不优待年长者。普韦布洛人轻视财产,因此,其他文化中婚姻的难处在这里都无足轻重。不仅婚姻如此,其他文化形式涉及以集体财产为年轻人投资的很多事务,也变得无足轻重,祖尼人干脆取消了这些事务。

祖尼人的每一种安排都尽力避免孩子产生俄狄浦斯情结。马林诺夫斯基指出，特罗布里恩人的社会结构赋予叔父的权力，与我们文化中赋予父亲的权力相近，而祖尼人甚至连叔父也没有权力，他们完全不能接受需要靠权力解决问题的情况。孩子在成长过程中既没有怨恨，也没有作为补偿的雄心勃勃的白日梦，这些白日梦的根源都可追溯到我们所熟悉的怨恨。当孩子长大成人，他们没有任何动机想象与权力相关的情境。

于是，相较于世界上常见的成年礼，祖尼男孩的成年礼真的很奇特。在其他男孩成年礼上，已有成年人地位的男性毫无节制地使用其特权，尽情耍弄他们必须赋予部落成员成年人地位的人。这些仪式在非洲、南美洲、大洋洲的形式大同小异。在南非，成年男性用长竿把男孩赶到一起，自始至终随心所欲地用长竿打他们。男孩们则要从站成两排的成年男性中间通过，忍受雨点般的棒打，很多打击来自他们身后，还伴随着各种讥笑。他们要在最冷的月份里不盖被子裸睡，且只能将头朝着火塘，脚却不行。他们在夜间驱赶咬人的蚂蟥时，不能弄脏地面。曙光初现时，他们要跳入池塘，泡在冷水里，直到太阳升起。在入会营地的三个月里，他们一滴水都不能喝，只能吃令人恶心的食物。作为这一切的补偿，人们云山雾罩地把不知所云的咒语教给他们，向他们展示这些咒语无与伦比的重要性。

美洲印第安部落的男孩成年礼有时时间较短，但观念基本相同。与祖尼人有千丝万缕关系的阿帕切人说，驯服男孩如同驯服马驹。他们强迫男孩破冰沐浴，嘴里含着水跑步，在打仗游戏里侮辱他们，还随时随地霸凌他们。南加州的印第安人还将男孩投入咬人的蚁冢。

但是祖尼人从不把男孩成年礼搞成磨难。他们认为，如果男孩接受轻微鞭打时高声哭喊，仪式便十分珍贵。参加仪式的男孩在每个阶段都由其"教父"陪伴，在接受鞭笞时，他们不是趴在老人背上，就是跪在老人膝下。长者的陪伴给他安全感，老人也不像南非人那样，粗暴地把孩子推出房屋。最后，男孩拿起丝兰鞭，把自己挨的打全都照样打还给克奇那，成年礼宣告结束。整个过程中，成年人不会把自己对权力的可怜欲望发泄给孩子。这是一场驱邪与净化的仪式。孩子得到社会承认，因而有了价值。鞭打是孩子的长辈一生用以追求福佑和健康的行为，他们已经习以为常了，这是超自然世界对他们的接纳。

除了在宗教事务和家庭事务中双双缺少行使权力的机会，祖尼人还有另一种特质：始终将个体淹没在群体之中。他们总是将责任和权力分散，以群体为功能单位。祖尼人与超自然力量接触，应通过集体仪式。他们通过全家协力保障家庭生计，个体在宗教活动和经济活动中都不能自主。在宗教活动中，对收成忧心忡忡的个人不能祈雨拯救其作物，而只能在夏季祈雨舞会上舞蹈。个人不能为生病的儿子祈求康复，而要向火会的巫医寻求治病的方子。在插祈祷棒、参加仪式前的沐浴、召唤巫医或拜"教父"时，个人可以单独进行祷告，因为这些活动是整个大仪式的一部分，是他所属集体的仪式。这些祷告离开仪式便无效，一如一个词不可能从长祭文中抽离出来而依旧保持完整祷告的效力。

对一切行动的许可来自形式和结构而非个人。如前所述，主祭只有身为主祭且在众所周知的时间里行使其职责时，才可以插祈祷棒。巫医给人看病，因为他是巫医会的成员。在平原印第安人中，成为巫医会成员强化了个体的法力，而在祖尼人中，这也是个体法力的唯一来源。甚至纳瓦霍人（Navajos）对杀人的审判也遵循这种方式。有个关于背叛的民间故事，一位富有的纳瓦霍人和他妻子到一家祖尼人的房子里交易，结果杀死了祖尼人，还抢走了他的绿松石。"但是他们没有割头皮的权力"，因为他们没有参加战争会。只有参加战争会的人才有权利做这件事。祖尼人认为即使杀人这件事也必须获得制度许可，他们仅谴责那些未经制度许可的行为。

祖尼人就是如此一丝不苟地遵守社会的既有形式，将个性掩藏在这些既有形式之下。他们全然不以官职和拥有圣药为实现雄心的上升通道。男性攒钱给自己买面具，为的是让其家庭多一条"生路"，并增加他所在基瓦会堂的面具数量。他不逾本分地参加一年中的各种仪式，花很多钱盖新房，款待在"萨拉科"上扮神的克奇那祭司。他们低调地做这一切，并没有什么个人目的，这在其他文化里很少见。他们个人行为中的全部志向与我们的不一样。

在宗教事务中，个人的行为和动机都不是为了实现个人目的，在经济生活中亦如是。如前所述，经济组织中的人员并不固定。家庭是个永久性集体，其核心是一群女性的关系，但女性在农耕、放牧这类大型经济活动中，甚至在绿松石加工这种工作中，作用并不重要。而基础行业中不可或缺的男性之间却关系松散，流动性强。家庭里一旦发生重大纠纷，家中女儿的丈夫常常一走了之，抛下孩子回自己母亲家，从此不再承担养育责任。家里还有与女性关系群体有各种血缘关系的男性——未婚的、鳏居的、离异的以及在妻家闹了不愉快回来暂避风头的男性。这群人尽管都只是家庭里的临时过客，却共同向家庭共有粮仓里储存玉米。这些玉米归家里的女性共同拥有。即便某处新开垦的玉米地是这些男性中某位的私有财产，全家的男性也都会共同耕作，将收获的玉米存入共有粮仓，这处新开垦的土地与祖传田地没有区别。

房屋的所有权也是如此。房子由男性共同建造，所有权却归女性。如果某位男性秋后离开了妻子，那他很可能就此失去了他辛苦一年建造的房子和劳作一季收获的满满一仓玉米。但没有哪位男性想争夺房子和玉米的所有权，也没人认为他上当受骗。他为家庭出一份力，结果是集体有了收获；如果他不再是那个集体中的一员，那是他自己的事。如今羊群是不菲的收入来源，而且由男性独自拥有，但放羊是由全家男性相帮。出现新的经济动机的过程非常缓慢。

祖尼人认为，理想的男性要把自己的活动纳入集体活动，不宣示个人权威，还有，他们的性格绝不能暴烈。他们以日神精神恪守古希腊意义上的中庸之道，最鲜明地表现为他们的文化处理情绪的方式。不论是愤怒、爱、嫉妒，还是悲伤，祖尼人首先都要做到适可而止。祖尼人的长者在执行公共事务期间最大的禁忌是发怒。不论是在仪式、经济还是家庭问题上出现分歧，解决问题时绝不能带一丝一毫的戾气。

祖尼人每天都有温和处事的新例子。某年夏季，与我相熟的一家祖尼人把一处房子借给我住。出于一些复杂的原因，另一家人提出他们对这处房子拥有支配权。最紧张的时候，这家的女主人夸西娅和她丈夫雷欧正与我一起在客厅里，有个我不认识的男人到院子里来铲除野花草。除草是属于房主的重要权利，所以这个主张对此处房屋有支配权的男人通过这一举动将他的权利公之于众。他没有进入房屋，也没有理睬房屋里的夸西娅和雷欧，只是慢吞吞地除草。在屋里，雷欧靠墙踞坐，纹丝不动，安静地嚼一片叶子，可是夸西娅却忍不住涨红了脸。"这太侮辱人了，"她对我说，"外面那人知道雷欧今年轮值当祭司，不能发怒。他来照管我家的院子，是当着全村人的面羞辱我们。"最后闯入者把除下的野草拢成一堆，得意地看了看整洁的院子，然后回家去了。冲突双方甚至没有言语交锋，祖尼人认为这样的侮辱不必当真。对房屋提出主张的另一方通过上午的劳动充分表达了他的不满，此后也没有再纠缠。

婚姻中的醋意也像这样温和地发泄，不以暴力惩罚通奸行为。平原印第安人常以割去鼻头惩罚通奸的妻子，甚至美国西南部除普韦布洛人以外的印第安人，如阿帕切人，也采取这样的手段。但在祖尼人部落，妻子的不忠也不能成为暴力的借口。丈夫不把妻子的不忠行为视为对自己权利的侵害。一般说来，妻子做出不忠的行为只是她考虑换丈夫的第一步。在祖尼人的制度下，换丈夫并非难事，所以程序也很轻松，他们不以暴力应对这种情形。

如果丈夫不忠，妻子也同样淡然处之。只要情况没有糟到需要断绝夫妻关系，妻子通常不理会丈夫的不忠。有一次班泽尔博士探访祖尼人，在她到来之前，房东家的一位年轻丈夫陷入一场婚外恋，在整个部落中传得沸沸扬扬，这家人却完全不理会。最终，一个白人商贩为了捍卫道德，规劝这个妻子。这对夫妻结婚十余年，育有三个子女，妻子家世显赫。白人商贩先是认真地劝妻子摆出威风，终止她丈夫的无耻行径。"哦，"妻子说，"我不给他洗衣服了。他就知道我和其他人都知道他的婚外恋，他就和那姑娘断了。"这一招很有效，但妻子只字未提，两人没有吵闹，没有互相指责，甚至没有捅破窗户纸。

不过，遇到这种情况，妻子也可以采取另一种行动，而被抛弃的丈夫却不能这样做。妻子可以找到她的情敌，当众揍她一顿。她们两人对骂，把对方打得鼻青脸肿。但这样做无济于事，而且即便罕见地出现这种情况，也是来得快，去得快。这是祖尼人唯一能够接受的"拳头战"。可是，如果丈夫不断在外拈花惹草，妻子却始终与他和平相处，她的家人就会很生气，会向她施压，逼迫她与丈夫离婚。"人人都说她肯定爱上他了。"他们说，所有的亲戚都觉得丢脸，她违背了应该遵守的规则。

传统的做法是离婚。倘若丈夫难以与妻子的女性亲戚相处，他可以回自己母亲家。这样的习俗使男性能够避免与他不喜欢的人在同一屋檐下生活，他只需解除那些他难以处理的关系。

普韦布洛人的制度有效地将出现嫉妒等激烈情绪的概率降至最低，对于死亡他们更刻意地提供了日神式的技巧，然而这二者略有不同。许多不同文化的实践表明，嫉妒是一种通过文化安排能最有效强化或消解的情绪。丧亲之痛却不这么容易逃避，至亲离世，这是生者必须承受的最直接的打击。它威胁着集体的团结，迫使人做大幅度调整，倘若逝者是成人，影响则分外严重，生者常需承受孤独和哀伤。

普韦布洛人骨子里是现实主义者，不否认死亡带来的悲伤，他们的文化也像我们稍后要论及的某些文化，把哀悼至亲变为一场表演竞赛，或一种恐怖情境。他们视至亲死亡为损失，而且是重大损失。但他们用细致入微的技巧让这件事尽快且尽可能温和地过去，要点在于帮助死者家属忘却。他们剪下死者的一缕头发，用火烧出烟，借此净化那些哀伤过度的人。他们用左手——与死亡相连的手——抛撒黑玉米粉，"把他们的道路染黑"意思是用黑暗把他们自己与悲伤隔开。在伊斯莱塔（Isleta），轮值祭司会在第四天晚上遗属与死者告别之前建一个土坛，遗属为死者在土坛上插祈祷棒，并将死者的弓箭、葬礼前整理遗容用的梳子和死者的衣物放在土坛上。此外，还要放一碗药汤和一篮子百家饭。祭司把黑玉米粉撒在地上，从房门到祭坛，铺出一条路，供亡者回家。家人聚在一起，为死者奉上最后一顿饭，送其上路。一位祭司从碗里蘸着药汤，洒在每个人身上，然后打开房门，主祭对死者说话，叫他来吃饭。众人听见门外有脚步声，门上有窸窣声，死者进来吃饭。之后，主祭在路上洒药汤，引导死者离开，众祭司"将其赶出村子"。他们手执给死者准备的祈祷棒，把死者的衣服、几件个人物品、梳子和一碗食物拿到村外，把梳子和碗摔碎，并把所有东西埋入地下。然后他们一路不回头地跑回死者家，拉好门闩，并用燧石刀在门上刻一个"十"字，阻止死者回家，遗属和死者就此正式脱离关系。主祭对众人说，他们应该忘记死者。"现在他已经死去四年了。"在仪式上和民间传说里常有以日为年或以年为日的观念。时间流逝带走他们的悲伤，人群散去，哀悼终结。

然而，不论一个民族心理倾向如何，死亡总是一个无法逃避的事实。日神型的祖尼人认为无法杜绝至亲死亡引发的扰动是一种晦气，并将之清晰地表达在制度中。他们尽力把死亡的影响降至最小。葬礼简单得不能再简单，是他们所有仪式中最平淡无奇的一种。按时节进行的仪式全都很烦琐，葬礼却一点也不。人一死立刻埋葬，无须祭司出席葬礼。

但是，失去至亲总是件难以接受的事，祖尼人也不例外。他们将挥之不去的悲伤或晦气化为一种观念，相信夫妻一方去世后，活着的一方便处于极大的危险中。亡妻可能"把他拖回去"，换言之，亡妻感到孤独，便会拉鳏夫一起走；丧夫的妻子也会有同样遭遇。活着的一方越是悲痛，危险就越大，为此活着的一方必须像杀人者一般小心翼翼地躲藏起来。他／她必须禁闭四天，不能说话，也不允许别人跟其说话；每天早晨吃催吐药净化自己，还要用左手把黑玉米粉撒到村外。遗属把黑玉米粉举在头顶上绕四圈，然后抛出去，"带走厄运"。到第四天，遗属为死者插祈祷棒，向死者念祈祷文，这是祖尼人唯一献给个体——不论是人还是超自然——的祈祷文，让死者放过他／她，不要把他／她拖到地府，并且保佑他／她：

得到你的一切好运，

保佑我们一路平安。

鳏夫需要一年才能转危为安。倘若他在这段时间里追求女性，他的亡妻便会吃醋。一年后，他要与一位陌生女人性交，并送她一件礼物，缠绕他一年之久的危险就会随礼物一起被送出去。于是他再度获得了自由，可以再娶。丧夫的遗孀也是如此。

在西部平原地区，哀悼绝非如此展示焦虑，哀悼者酒神型地沉溺于毫无节制的悲伤。西部平原印第安人的所有行为都是强调而非避免死亡引发的绝望和凌乱。女人砍伤自己的头和腿，剁掉手指。如有重要人物死去，家里的女性排着长队在住地游走，任赤裸的双腿鲜血淋漓。她们并不擦去血迹，任由鲜血在头上和小腿上结痂。遗体下葬时，家里的所有东西都被扔在地上，任人拾取。死者的物品并不是不洁之物，但是悲痛的家人对他们曾经拥有但现在毫无用处的东西没有兴趣，所以要把家里所有的东西送给别人，连房子也要推倒重建。遗孀除了裹在身上的毯子，身无长物。死者最钟爱的马匹要被牵到墓地，在所有人的恸哭中被杀死。

个人悲痛欲绝的哀悼符合期望，也可以理解。下葬后，妻子或女儿会在墓地不肯离去，号哭、绝食，对劝她回营地的人不理不睬。女性有时甚至男性会独自到危险的地方恸哭，有时还会通过幻象获得超自然力。有些部落的女性在随后的数年里常到墓地恸哭，数年后还会在天气好的下午到墓地坐一坐，但是不再恸哭。

丧子之痛尤为典型。达科塔人的父母表达哀痛的方式尤为极端。他们赤身露体地回到住地，恸哭不止。只有丧子时才会出现这种情况。一位老作家记录了他在其他平原印第安人部落的见闻："倘若有人在这时（指哀悼期）冒犯了家长，下场只有死路一条。因为丧子之人痛彻心扉，正在寻机发泄。往往不久后他就会参加战争，杀人或被杀，不论哪种结果，处于那种状态的人都觉得无关紧要。"他们一心求死，一如普韦布洛人祈求逃离死亡的恐怖情景。

这两种对待死亡的行为属于两种常见却截然不同的行为类型，大部分个体倾向于其中一种。普韦布洛人将其中一种转化为制度，平原印第安人则取另一种。当然这并不等于西部平原印第安人失去亲人的家庭中，每位成员都被告知需要表现出强烈且无节制的悲伤，也不等于普韦布洛人被告诫忘却亡者后，仅凭摔碎一把梳子就能从不适中调整过来。实际情况是，人们在一种文化中发现这种情感已有现成的宣泄方式，在另一种文化中则有另一种方式。大部分人会选择其文化中已有的渠道。一旦进入这条渠道，他们便有足够的表达手段。否则他们便会遇到天下怪胎所遇到的全部问题。

这些文化还为另一种死亡情境，即杀人者导致的死亡提供了更为复杂的仪式技巧。祖尼人对待杀人者的方法与他们对待丧偶之人一样。只不过须将杀人者关在举行仪式的基瓦会堂里静修，由众祭司监督，消除其身上晦气的仪式也比较复杂，其中包括加入战争会的仪式。杀人者在静修期间和丧偶之人一样，要端坐不动，不能与人说话，别人也不能对他说话。他要服用催吐剂，而且要禁食。这次静修也为他加入战争会的仪式做准备。所有男性会社的入会仪式都遵循类似的禁忌，而祖尼人把对杀人者的限制当作入会仪式的静修。限制解除之时，他便成为战争会的一员并承担起新的社会责任。战争会首领是终身制，他们不仅负责指挥战争，更要负责在仪式和其他公共集会上担任警卫和特使。在一切必要的正式安排中，战争会首领便是法律的"臂膀"。他们负责看管存放头皮的头皮屋,而且求雨特别灵验。

在冗长而复杂的战舞仪式上,头皮始终代表被杀死的人。这个仪式有两重目的:一是标志战争会新成员的入会;二是将头皮转化为祖尼人用来造雨的自然物,普韦布洛人必须敬之以舞,并且以通行的接纳仪式迎接它。接纳仪式或婚姻仪式基本上就是父系家族里的年长女性为新成员洗头,所以此时要由杀人者的姑姑用清水清洗头皮,将它迎入部落。这一步骤与婚礼上新娘家迎接新人入门的仪式相同。头皮舞的祈祷文非常直白,讲述如何把一个毫无价值的敌人转化为圣物,以及祖尼人得到新祝福的欢乐。

> 要说那敌人
> 虽然是吃垃圾
> 长大成人,
> 可是凭着玉米祭司祈雨的祷告,
> (他便拥有了价值。)
> 要说那敌人
> 虽然一辈子
> 没有走正道,
> 现在却能预言
> 世界会怎样,

日子将如何……　　　　　　　　　　　　　　　　　114

他以前百无一用,

但他曾是水的生灵,

他曾是种子的生灵;

渴望敌人的水,

渴望他的种子,

渴望他的财富,

你应急切等待他的日子[1]。

当你用清水

沐浴了敌人,[2]

在玉米祭司那水量充盈的庭院

已将他摆上,[3]

玉米祭司的全体后代

唱起父辈的歌谣,

为他起舞。

等他所有的日子都过去,

一个美好的日子,

一个美丽的日子,

一个充满欢呼的日子,

一个充满欢笑的日子,

---

[1] 跳头皮舞的日子。
[2] 清洗头皮的接纳仪式。
[3] 广场的头皮柱。

一个美好的日子，
你将和我们，你的后代，
一起度过。

这时，头皮变成了人们向之祈祷的超自然物，而杀人者则成为重要的战争会的一员。

酒神型文化以不同的方法处理类似事件，常把事情演变成恐怖的险情，让杀人者陷入超自然危险。皮马印第安人中的杀人者需要在地上挖一个小圆坑，在坑里坐20天，才能净化自己。每天由教父将食物放在六英尺长的竿头递给他，最后将他手脚捆住扔到河里，他才算脱离险境。

然而，西部平原印第安人并不认为暴力事件会导致这些超自然的霉运。杀人者不需要救赎，他是胜利者，而且是所有胜利者中最令人羡慕的。他们举办放纵的庆功会，表达酒神型兴奋，并向败在手下的敌人耀武扬威，这是纯然欢快的时刻。黎明时分，归来的战士佯装突袭，脸上涂上表示胜利的黑色，进入自己的住地。

……（战士们）一边把获得的头皮挑在竿头，一边挥舞。部落民众激动万分，以欢呼迎接他们。一片欢快的气氛。妇女们唱起胜利的歌曲……走在最前排的是那些……宣讲自己英雄事迹的勇士。……有些人张开双臂拥抱凯旋的战士。老年男女把战士的名字编进歌里。骑马走在第一排的战士，他们的家人……做了礼物送给友人或穷人，以表达喜悦。人群涌向勇士或者勇士父亲的住所，用舞蹈向他致敬。有时舞蹈通宵达旦，有时甚至连跳两天两夜。

村里人人都加入头皮舞，但这并不是宗教活动，没有巫医主持。这种舞蹈具有社交性质，由男扮女装者掌管。所谓男扮女装者就是易装者，他们选择女性的生活方式，是部落内的媒人和"良友"。他们举着头皮，负责领舞。老年男女扮作小丑出场，有些人甚至装扮成头皮的原主人。

凡是看过以下两种舞蹈的人，一眼就能看出二者截然不同，普韦布洛人的头皮舞有固定的套路，以对称的方式轮换，舞场上的土坛颇为复杂，上面放着伟大的战争圣药；而夏延人[1]（Cheyenne）的头皮舞动作狂烈，张扬胜利的骄傲，模仿徒手搏斗，宣泄胜利者的激情。普韦布洛人的舞蹈完全是理智的集体行动，一如将杀人者纳入作用重大而有价值的会社以清除他头顶的阴云，以及将无名敌人的头皮挂在竿头，将之转化为降雨的超自然物。而在平原印第安人的舞蹈中，尽管舞者也是集体出场，但他们每个人都在独舞，训练有素的身体做出的每个动作都追随自己的灵感，表达身体相撞的辉煌。这是彻头彻尾的个人主义，彻头彻尾的欢畅和凯旋。

---

[1] 夏延人，北美平原地区的印第安人。——译者注

普韦布洛人对待死亡的日神型态度无法将亲人亡故或杀死敌人置于法外，充其量只能把这些事件化为福佑，以最不激烈的方式使之成为过去。集体内部的谋杀十分罕见，所以各种故事鲜有提及。这种情况一旦发生，也是在亲族间以补偿手段摆平，人们从不啰唆。但结束自己的生命是绝对禁止的，自杀的行为过于暴烈，即使以最不经意的形式，普韦布洛人也绝不予以考虑，他们根本无法想象这种行为。我一再追问有没有这方面的故事，祖尼人便告诉我，听说有个男人想要和一位美女一同赴死。有一天他被唤去给一个女人治病，他用的药里有一种野生草药须经过咀嚼。第二天早晨人们发现他死了。他们对于这件事的想法仅止于此，绝不会想到他是自己结束了生命。而他们提起这件事，也仅仅说有个男人说过想以某种方式死去，而他果真那样死了。

在我们看来与自杀差不多的行为仅仅发生在民间传说里。偶然会有故事讲到被遗弃的妻子请求阿帕切人四天后来毁灭普韦布洛人的村庄，连带她丈夫和他的情妇。她自己则仪式般地净身，穿上最好的衣服，到了约定的早晨，她出去迎接敌人，成为第一个受害者。这在我们看来当然算自杀，但普韦布洛人认为这仅仅是仪式性复仇。"我们现在当然不会这样做了，"他们说，"她是个小心眼。"他们看不到复仇之外的事实。她感到幸福向她关上了大门，便毁掉同村人获得幸福的机会，特别是毁掉丈夫的新欢。故事的其他部分，比如这位妇人找了超自然信使向阿帕切人传递消息云云，其实是祖尼人无法想象的，这超出了他们的经验范围。你越是向祖尼人具体解释自杀,他们越是彬彬有礼但不可置信地朝你微笑。白人做的这些事太离奇了,最可笑的就是自杀这件事。

而平原印第安人关于自杀的想法比我们多得多。在许多部落里,一个人倘若看不到未来生活的乐趣,便可以立下一年的自杀誓约。立誓后要佩戴特殊标记——一条约八英尺长的鹿皮带。鹿皮带拖在地上的一端有一道长裂口,在游击战中,立誓者选定最前列的位置,用他佩戴的鹿皮带上的裂口将自己绑在那个位置,无法后退。但捆绑并不阻碍他行动,他倘若战死了,至少死得其所。倘若一年过去而他依然活着,则他的求死之举为他赢得了平原印第安人的各种荣誉。在他的余生,他便可参加大人物经常举办且得到公认的炫耀大赛,讲述自己的事迹和他那次一年誓约。他可以凭着积攒的战功加入部落会社,或成为首领。甚至对生活根本不绝望的人也可能因羡慕以这种方式获得的荣耀,于是立下誓约。也有部落会社强迫不情愿的会员立誓,战士的自杀誓约并非平原印第安人所能接受的唯一自杀方式,也有为爱自杀的故事,不过在平原印第安部落不像在某些原始印第安部落那么普遍,他们非常理解抛弃生命的这种暴烈姿态。

普韦布洛人的日神型理想在其制度中还有另一种表现。他们的文化不宣扬恐怖和危险。他们绝不像酒神型文化那样刻意制造晦气和恐惧的情境。对这方面的沉迷在世界各地的悼亡形式中很常见——葬礼是恐怖而不是哀伤的顶点。在澳大利亚的部落中,死者的至亲会敲碎死者头骨，以防给他们惹麻烦，并打碎死者的腿骨，以防鬼魂追赶他们。但是在伊斯莱塔，人们摔碎梳子而不是遗体的骨骼。纳瓦霍人是普韦布洛人最近的近亲，他们烧毁死者的住房和房子里的所有东西，死者曾经拥有的物品都不能随意留给他人，这些东西沾上了晦气。普韦布洛人则仅将死者的弓箭和米力（mili）——巫医当作法器的那穗完美的玉米——与死者一道下葬，但是须先拔掉米力上所有珍贵的金刚鹦鹉羽毛。除了这些，他们不会扔掉死者任何其他物品。普韦布洛人关于死亡的制度仅表示死者生命的终结，并不是用以禳除死者遗体的晦气或避免死者鬼魂的嫉妒和报复的防范措施。

有些文明将生命的所有转折关头都视为恐怖状况，这种恐怖状况在婴儿出生、青春期开始、婚姻、死亡的时刻一遍遍重演。但普韦布洛人不把哀悼和死亡视为恐怖的事情，也不如此看待其他事。关于月经，我们在很多印第安部落中听到的大都是将经期女性关在小黑屋里，她必须自己做饭，单独使用一套餐具，与别人完全隔离。即使在家里，她的触碰也会带来"污染"。如果她触碰了猎人的用具，这些用具就废了。与这些部落相比，普韦布洛人对待月经的态度格外令人震惊，他们没有任何防范措施来限制经期女性，他们认为经期并不是女性生活中的特殊时期。

周边部落最令人恐惧的事是巫术。"巫术"一词一般用来指非洲和美拉尼西亚人的习俗，但北美对各地——从阿拉斯加州到大盆地的肖肖尼人[1]（Shoshonean），再到西南部的皮马人——巫医的恐惧、猜疑和毫不掩饰的敌意，以及将之笼统与东部大医师会[2]（Midewiwin Society）相联系的态度，都与人们对待巫术的态度何其相似。酒神型部落会社崇尚超自然力，不仅因为它强大，还因为它危险。对危险经历的普遍追求轻而易举地影响了各部落对巫医的态度。巫医的力量可以助人，更可以精准地害人。人们对其态度夹杂了恐惧、仇恨和猜疑。如果巫医死了，别人绝不可替他报仇；巫医倘若没有治好病人，因而招致怀疑，常见的下场是死于众人之手。

莫哈韦人（Mojave）部落是西南部一个非普韦布洛人部落，他们就是对巫医持这种态度的典型。他们说："巫医的本性是杀人，如同鹰的本性是猎食小鸟。"巫医杀死的人来世依然受其控制，成为其同伙。有一大群各色人等与其为伍，对其当然有利。巫医可能明言："我现在还不想死。我还没招齐足够的人。"再过不久，巫医就能掌控足以令其自豪的一群人。他会把一根棍子作为令牌交给其中一人，对他说："知道吗？我杀死了你父亲。"或者告诉一位病人："我就是要杀死你的那个人。"他并不打算使用毒药，也没有用刀杀死那位青年的父亲，他用超自然力杀人，这是一种公开宣告的责难和恐吓。

祖尼人无法想象这样的事态。他们的祭司不会被族人暗中仇

---

[1] 肖肖尼人，北美印第安人的部族之一。——译者注
[2] 大医师会，奥吉布瓦人（Ojibwa）的神秘宗教医疗团体。——译者注

恨和猜疑。祭司们本身也并不具备酒神型特有的那种超自然力的两面性,乃至于必须兼任死亡使者和治病救人者。今天,尽管巫术的观念在普韦布洛人中已非常普遍,但人们一致认为这些巫术的细节来自欧洲,算不上真正的巫术。祖尼人的巫术并非以勇者的意志控制超自然力。我甚至怀疑他们根本没有什么正经的巫术技巧,他们谈起巫术行为时,总像在讲民间故事,例如巫师盯着墙上的龛看一阵子,他就换上了猫头鹰的眼睛,完全没有其他地区实际做法中常见的邪恶和恐怖的细节。普韦布洛人的巫术在多数情况下与他们的各种制度一样,体现一种焦虑情结。他们隐隐地互相怀疑,一旦某人令人厌恶到一定地步,必然会有人会给他贴妖术的标签。正常死亡不会引发对巫术的担心,猎巫事件只发生在流行病期间,大众通过这种形式发泄自己的焦虑。他们不会给自己圣者的法力罩上一层恐怖的外衣。

因此,普韦布洛人不追求任何形式的过度,不容忍暴力,不沉溺于使用权力,也不为任何个体的特立独行而欢喜。酒神型文化最珍重的一切,普韦布洛人都没有。然而他们有关于丰产的宗教,我们根据丰产崇拜的定义,将之归入酒神型。酒神是丰产神,在世界上大多数地区这二者不能分割;追求过度和崇拜丰产能力这两种特质在全球大部分地方已深度融合。日神型的普韦布洛人竟也有丰产崇拜,这使得他们的基本生活信条倍加生动。

普韦布洛人的大部分丰产仪式不使用任何性符号,而是通过单调重复的舞蹈迫使云在天上聚集,降下雨水。将供上祭坛或在扮神仪式上使用过的物件埋在玉米地里，保障田地的产量。不过，与祖尼人相邻的霍皮人使用较为明显的性符号，霍皮人普遍在仪式上将黑色小圆管和芦苇环或轮圈一起使用，圆管象征男性，芦苇环象征女性。圆管和芦苇环被绑在一起投入圣泉。

在笛师会的仪式上，一位少年和两位少女进场求雨。按照程序，少年会得到一根圆管，两个女孩各自得到一枚芦苇环。仪式进行到最后一天，这三个孩子在祭司的引导下，将这些物件带到圣泉，在上面涂满从泉底挖出的肥沃稀泥。然后人们顺序返回普韦布洛村庄。沿途的土地上有四幅画，与祭坛上的画相同，三个孩子领着众人上前，他们把男孩手里的圆管和女孩手里的芦苇环依次扔在每一幅画上。最后，将圆管和芦苇环放在广场的舞蹈神殿里。这套表演具有装饰性，极具形式感，而且不带丝毫感情。

霍皮人在仪式上经常使用这类性符号，在女性会社的舞蹈中这些性符号尤为普遍。而祖尼人根本没有女性会社。在霍皮人的一个女性会社仪式上，姑娘们手执玉米秸围成一圈起舞，四个姑娘着男装上场，两人扮弓箭手，两人扮长枪手。弓箭手各拿一把弓箭和一把藤，边走边把箭射入藤里；长枪手各执一根长棍和一个圆环，边走边把长枪掷入滚动的圆环里。她们走近舞圈，从舞者头顶将长枪和圆环扔到圈里，然后她们从圈里向圈外的观众抛掷玉米面团，观众纷纷争抢这些面团。仪式中的符号带有性意味，目的是丰产，但行为与酒神型崇拜截然相反。

然而，就连这样的象征在祖尼人中也并不流行。祖尼人举行各处普韦布洛人都有的赛跑仪式，通过快跑祈求丰产。有一种赛跑仪式是男性和女性赛跑。男性执棍站在线的一端，女性执环站在另一端，男女边跑边用脚趾踢手里的棍和环。有时女性和戴面具的小丑一起跑。不论和谁跑，女性必须赢，否则比赛就失去意义。秘鲁也有类似的比赛，参赛的男性都赤身露体，对追上的每位女性进行一番侵犯。祖尼人和秘鲁人表现了相同的诉求，但祖尼人把秘鲁人的酒神型象征改造成了日神型象征。

不过，即便是祖尼人的丰产仪式与开放性行为也并非毫无关联。猎兔仪式和头皮舞这两种仪式都鼓励随心所欲，甚至有人说在此时怀上的孩子精力格外充沛。平日对姑娘们的严格管束此时放松了，大家都是一副"男孩就是男孩"的腔调，但没有滥交，也没有任何群交的迹象。此外，据说掌管降雪和冷天的圣药崇拜过去曾有过一些仪式，圣药女祭司在仪式期间的某晚接待钟情于她的人，从情人那里收取一块拇指大小的绿松石，用来装饰圣药。这种仪式已经消失了，所以我们无从知晓仪式开放到什么程度。

普韦布洛人不大懂性。至少祖尼人从未对这件事给予现实关注，他们与我们文化中熟悉的情况相似，用非常牵强的说辞来掩饰性象征。例如，提到霍皮人经常使用的性符号轮圈和圆管，祖尼人解释为代表倾盆大雨溅起的小泥圈。他们把将箭射入玉米皮，解释为代表闪电击中玉米地。最诚实的人也会做出更为极端的牵强解释。他们把下意识的辩解推到了荒唐的地步。

类似的辩解似乎隐去了宇宙起源的创世故事中一切性行为的蛛丝马迹。多年前，库欣[1]（Cushing）还记录了祖尼人对以下这个故事的尊讳。这个故事是关于西南地区尤马（Yuman）部落的基本宇宙观。尤马人不属于普韦布洛人，故事流传甚广。太阳与大地同居，从大地的子宫里诞生了生命——供人使用的无生命物、人和动物。库欣之后，又有人通过几个不同的会社、祭司和普通人记录了祖尼人的创世神话，他们依然说生命诞生于地下第四层世界，但不提这是大地的"子宫"，由天父在这里唤醒了生命。他们不朝那个方向想象。

　　祖尼人对性的态度类似于我们文明中所谓的清教徒标准，但相异之处同样明显。清教徒对性的态度源于将之视为原罪，而祖尼人对于性以及其他任何经验，根本没有原罪的概念。他们没有负罪情结，也不认为性是诱惑，需要竭尽全力靠意志加以抵制。他们相当厌恶贞洁的生活方式，民间故事里对正值青春却拒绝婚姻的骄傲女子的批评最为严厉。她们足不出户，埋头工作，不参加允许年轻男子仰慕她们的活动。但祖尼人的神祇并不按清教徒的伦理处理这种情况，他们径自下凡，排除重重障碍与姑娘们共眠，教给她们欢愉和谦恭。他们通过这些"怡人的规制手段"，宣教年轻女子应在婚姻中适当享受人世幸福的道理。

　　两性间的良好关系只是人类各种良好关系中的一个方面。我们把各种关系分得一清二楚，但他们夸一个人的时候会说"他人

---

[1] 库欣，美国民族学家。——编者注

见人爱，总是和女人发生关系"或者"他人见人嫌，在女人的问题上从不惹麻烦"。性发生在幸福生活中。

祖尼人的精神世界超乎寻常地统一，这也表现在他们的宇宙观中。他们在此世的制度里没有紧张、矛盾，也没有危险，这些也照样投射到彼世。班泽尔博士指出，超自然神"对人类并无恶意。由于他们有时吝于赐予，要想得到帮助，就必须向他们供奉、祈祷，还须行魔法"，但这并不等于讨好恶魔。祖尼人没有这样的理念，而是认为超自然神与人类无异，倘使人爱舞蹈，超自然神也爱。因此他们戴上超自然神的面具，引导超自然神与祖尼人共舞，他们摆出圣药，为之"起舞"，他们从中获得快乐。他们甚至为仓房里的玉米起舞。"冬至那天，所有的仪式团体都要举行庆典，每家的户主拿出六穗完美的玉米放在篮子里，对它们唱歌。这便是'为玉米起舞'，这样一来，玉米在庆典季便不会有遭冷落的感觉。"现已绝迹的"玉米大舞"也曾是他们与玉米"同乐"的手段。

他们不像我们这样，将宇宙描绘为善恶对立，他们不搞二元对立。欧洲人的巫术观念必然是经历了奇特的转变才为普韦布洛人接受。普韦布洛人的巫术根源并非与至善的上帝相对抗的恶魔头撒旦，他们将巫术纳入自己的文化模式，对巫术力量的怀疑不是因为它源自魔鬼，而是因为拥有者为其所"驭"，一旦获得便无法摆脱。而其他所有超自然力都是经过召唤才能拥有，一个人插好祈祷棒，遵守相应的禁忌，表明自己在处理神圣事务。事后，这人请姑姑们给他洗头，于是回到了世俗状态。或者，祭司将其法力归还给另一位祭司，直到再次召唤。他们向来有祛除神圣性的观念和技巧，一如中世纪祛除诅咒。但普韦布洛人的巫术没有提供这样一套摆脱超自然力的技巧，人无法脱离异常的事物，巫术因此变得邪恶且危险。

我们很难放弃自己将宇宙视为善恶对立的观念，以普韦布洛人的方式看待世界。在他们眼里，寒暑更替和人的一生不是生与死的赛跑。生命常在，死亡常在。死亡不是对生命的否认。寒暑在我们眼前展开，人的生命亦然。他们的态度是"不放弃，也不让心愿屈从于强力，而是保持人与宇宙合一的感觉"。他们在祈祷文中对神祇说：

> 让我们合一。

他们用亲昵的口吻与神交谈：

> 拥抱你的国土，
> 拥抱你的人民，
> 请为我们安坐。
> 我们如赤子相处，
> 永永远远。
> 我的孩子，

我的母亲,[1]

愿一切

如我所愿。

他们提到与神同呼吸:

四极八荒

都有赐予生命的祭司为我父[2],

(我)向他们祈求赐予生命的气息,

他们那长寿到老的气息,

他们那水的气息,

他们那种子的气息,

他们那财富的气息,

他们那富饶多产的气息,

他们那坚强意志的气息,

他们那力量的气息,

他们那赢得好运眷顾的气息,

祈求他们的气息,

在我们[3]吸收了他们气息的温暖身体里,

---

[1] 以凡人的子嗣和凡人的父母称呼神。
[2] 超自然生物,神祇。
[3] 指巫医。

我们将加持你[1]的气息。
　　请勿鄙视你父辈的气息,
　　请把它吸入你的身体……
　　我们便可一路同行。
　　愿我父保佑你的生命;
　　愿你的生命之路完满。

神的气息也是他们的气息,他们与神同呼吸,便能万事圆满。
　　普韦布洛人与宇宙的关系中没有英雄主义,没有人克服障碍的意志。他们的人际关系亦如是,他们对圣人的标准不是:

　　战斗,战斗,战斗,陷入绝境而死。

　　他们的圣人自有其始终不变的美德。他们把不合时宜的美德统统从他们的宇宙中清除,在北美洲形成了一个不大却历史悠久的文化"孤岛",创建了一种以突出的日神型特质为主导的文明。他们最大的愉悦是礼节,他们的生活方式清醒而有节制。

129

---

[1] 指患者。

第五章　多布人

多布（Dobu）岛属于新几内亚东南海域的当特尔卡斯托（D'Entrecasteaux）群岛。多布人则属于美拉尼西亚西北部最靠南的部族之一，这一地区因马林诺夫斯基博士关于特罗布里恩群岛的多部论著而名扬天下。当特尔卡斯托群岛与特罗布里恩群岛毗邻，多布人常乘船到特罗布里恩群岛做买卖。但多布人的生活环境和秉性与特罗布里恩群岛的岛民的生活环境和秉性有天壤之别。特罗布里恩群岛由低海拔岛屿组成，土地肥沃。那里有沃土，还有鱼儿成群的静静的潟湖，岛民生活轻松且富足。在多布人的岛屿，怪石嶙峋、火山频繁喷发，土少鱼稀。即便在最繁盛的年代，当特尔卡斯托群岛上零星的小村庄的人口也不超过25人，如今则仅余半数，可岛上资源依然难以养活岛上人口。相较而言，特罗布里恩群岛上人口稠密，大型社区一个挨着一个，人们能毫不费力地生存下去。去当特尔卡斯托群岛招工的白人都知道多布人是最容易招募的，反正待在家里也要挨饿，他们很愿意跟白人签下劳动合同。他们习惯从事活累、钱少的工作，即便只能领到童工的口粮份额也不会反抗。

然而，附近岛屿上的人提起多布人，说得最多的不是他们的贫穷，而是他们的危险。据说他们是拥有邪恶力量的魔法师、宁死不屈的战士。仅在两三代人之前，白人尚未来到这里时，他们还在吃人，而这一地区有许多民族并不吃人肉。周围岛屿的人都视多布人为不可信赖的恐怖蛮族。

周边部族对多布人的描述自有其道理。多布人没有法律，不守信誉，相互之间争斗厮杀。与多布人完全不同，特罗布里恩人有运转的组织、德高望重的首领，始终和平、互惠地交换商品和特权。多布人群龙无首，当然也没有政治组织，更没有严格意义上的守法意识。他们是卢梭所谓的"自然人"，即尚未受社会契约约束的人。然而，造成多布人这种状况的原因并非他们生活在无政府的状态下，而是多布人的社会形态推崇敌意和背叛，并视之为社会普遍接受的美德。

如果认为多布人处于无政府状态，就大错特错了。多布人的社会组织如同一圈圈的"同心圆"，每一层都有传统所允许的特定的敌对形式。多布人在恰当的特定人群中实施文化所允许的敌对形式，这是多布人掌控法则的唯一途径。他们最大的功能群体处于一个通常包含4~20个村子的特定地区。这是一个战斗单位，且与其他同类地区处于永久的区际敌对关系中。在白人控制这一地区之前，多布人闯入他人地界只有两个目的——袭击和杀戮。不同地区的多布人只相互提供一种服务，倘若一个多布人遇上死亡或重病需要靠占卜找到仇家，则从敌对地界找一位占卜师，本地区的占卜师便能避免因卜出仇家而面临危险，外来的占卜师因为相隔一定的距离，相对安全。

最大的危险还是在本地区之内。那些共享同一段海岸、经历相同的人给对方造成超自然的和实际的伤害。他们互相毁坏庄稼、搅黄买卖、导致疾病和死亡。每个人都掌握达到这些目的的魔法，并在各种场合使用它们，这部分内容我们稍后详述。多布人在所属地界内不论做什么，都离不开魔法，但据说魔法仅限于他们熟知的村子圈之内，每天生活在其周遭的人都是会捣乱的巫觋。

然而，处于这些地区中心的是一个要求别样行为的群体，这个核心群体是每个人一生的主心骨。它不是家庭，因为其中没有父亲和父亲的兄弟姐妹，也没有任何男性的后代。它是一个稳固的未解体的母系群体。她们在世时拥有村里的田园和房子，去世后被埋葬在祖传的共有墓地里。每个村子中心都有一处墓地，墓地里长着枝繁叶茂的巴豆树，埋葬着母系家族中的男女成员。他们生前是村庄的拥有者，死后则被葬在墓地中心。环绕着墓地，错落着现在主人——还是这个母系的后裔——的住所。这个核心群体存在继承与合作，被称为"母乳"和"苏苏"（susu），其成员包括母系后代及每个世代女性的兄弟，但不包含这些兄弟的子嗣，他们属于其母亲的村庄。那些村庄的人与这个"苏苏"之间往往极为不和。

"苏苏"住在自己村里，同村常有关系密切的其他"苏苏"。村里生活的私密性受到严格保护，村子里的人不能随意进出。每个村子外围有一条路，外人即便有权接近村子，也只能沿着这条路在外围转转。下文你会知道，一旦父亲去世，他的子女甚至不能踏上这条路；倘若父亲健在，子女则可在受到邀请的情况下进入父亲所属的村子。想进入配偶村子的人也需受到邀请。而村外的人一律只能从支路绕过村子，不能停留。即便宗教仪式、丰收宴或部落的入会仪式也不允许闲杂人聚集，多布人不为这些仪式破例。村子中央的墓地承担了与特罗布里恩群岛露天公共舞广场相似的功能。多布人深知陌生地方存在危险，所以不会为了社会仪式或宗教仪式而走到野外；他们也深知嫉妒巫术的危险，所以不容许外人出现在自己的村子。

当然，结婚对象必须从这个受信任的圈子之外找，但不超出本地区。于是婚姻联结了两个互相敌视的村子，却丝毫不能缓解双方的敌对情绪。围绕婚姻的种种制度始终在两个群体之间制造矛盾和冲突。婚姻始于岳母一个不友好的动作，她趁女儿和男青年在她家睡觉时堵在门口，男青年于是陷入罗网，只好公开举行订婚仪式。男子自性成熟开始就夜夜留宿在未出嫁女孩房里。按照习俗，他自此不许回自己家。他在数年中广播爱意，在天亮前离开，以躲避种种纠缠。他最后被抓，大多因为他不想再游荡，于是选定了一个比较固定的伴侣。他不再小心翼翼地早起，但是在别人眼里，他永远不想承担婚姻的屈辱，于是这门婚事便由门口那位"老巫婆"——他未来的岳母——强加给他了。村民们——姑娘的娘家亲戚——看到老太太在自家门口岿然不动,便聚拢过来。小两口在众目睽睽下起身,坐在地上的一块垫子上。村民们盯着他们看上半小时,然后渐渐散开。这对年轻人就算正式订婚了,再无其他仪式。

这个男青年从此要对妻子所在的村子尽心尽力,他首先要为村子贡献劳力。岳母立刻递给他一根挖掘棍,命令他"干活去"。在岳父母的监督下,他须建造一座田园。岳父母做饭和吃饭时,他必须继续劳动,因为他不能当着他们的面吃饭。他须承担双份劳作,干完岳父母山药地里的活,还要耕种他自家的田地。岳父的权力欲得到了极大的满足,十分享受对女婿所拥有的权力。这种状况持续一年多。这件事不仅与这个男青年有关,他的亲戚也要承担各种责任。这个男青年的兄弟要到女方的田园里干繁重的活,还要向女方赠送昂贵的彩礼。现在有些年轻人不堪重负,一见自己的兄弟订婚,便与来招工的白人签下劳动合同,逃之夭夭。

新郎的"苏苏"备齐了结婚所需之物后,郑重地将它们抬到新娘的村子。送结婚所需之物的队伍包括新郎的兄弟姐妹以及母亲、舅舅和姨。新郎的父亲不在其列,送礼队伍各位成员的丈夫或妻子以及家族里所有男性的子嗣,也不在其列。他们把这些东西送给新娘的"苏苏",双方却不能友好地相会。新娘的家人在他们祖祖辈辈居住的村庄的最远处等候,客人却在靠近自己村庄的一头止步。双方都故意装作不知道对方的存在。两拨人隔得老远。如果一方看到另一方，那便怒目以对。

婚礼的每一步都是这样冷硬的仪式。新娘的"苏苏"须把新郎的村子彻底打扫一遍，还要送大量生食作为礼物。第二天，新郎的家人用山药回赠新娘家。婚礼当天，新郎到岳母的村子吃一口她烹饪的食物，新娘也要到丈夫的村子吃一口婆婆烹饪的食物。在一个将同桌吃饭纳入制度性亲密活动的社会，这番仪式再恰当不过了。

婚姻建立了具有亲密关系和共同利益的新组合。荷属新几内亚人诸部落中的家族关系与多布人一样密切，他们也是按母系家族传统共同居住、收获和从事经济活动。丈夫们在夜间秘访妻子，或者在林间幽会。他们是"走婚丈夫"，绝不扰乱自成一体的母系家族。他们以无视姻亲的方式解决婚姻中的问题，多布人却不会这样。

多布人夫妻有自己的房子，并且醋意十足地保护自己房内的隐私。夫妻也独自开园种地，共同为自己和两人的孩子提供食物。对于在西方文明里长大的人来说，这两种行为都是最基本的要求，但多布人要面对巨大的困难。他们首先要忠于"苏苏"。如果已婚夫妇可以得到不可侵犯的私人住房和田园，那么这房子和田园应该建在谁家的土地上，由妻子的"苏苏"还是丈夫的"苏苏"恶狠狠地盯着呢？这个问题得到了十分合理的解决，但是以一种一般人难以理解的方式得以解决的。一对夫妻从结婚直到死亡，以一年为期在丈夫的村子和妻子的村子里轮流居住。

每隔一年，夫妻中的一方便能有自家人撑腰，从而占据上风。每隔一年，这同一方也要成为别人家勉强接受的外人，必须在配偶村子的主人面前谨言慎行。多布村民就这样一分为二，成为势不两立的两拨人：一边是母系血统的传人，亦称"村主"；另一边是通过婚姻进入村子的，以及男性村主的后裔。前者永远占统治地位，压那些因婚姻生活需求而暂住一年的人一头。村主结成坚固的统一战线，而外来户则是"一盘散沙"。多布人的信条和实践都不赞成通过几桩婚事把两个村子结为同盟。姻亲越是分散在不同村庄，婚事越是得到衷心赞成。结果通过婚姻进入村子的人不会找到来自同一个"苏苏"的盟友。多布人也有超越"地界"的图腾类别，但对他们而言，这些类别不具功能性，且无足轻重，完全可以忽略不计，因为靠图腾根本无法团结因婚姻进入村子的乌合之众。

多布社会以各种传统手段强迫配偶在外族的领地居住时忍辱负重。所有的村主都能对这个配偶直呼其名，他却不能如此称呼他们中的任何一位。不能直呼其名的某些原因与我们的文明相似，但最主要的原因是，在多布人的社会里，直呼某人的名字就意味着可以随意支配被呼之人，以姓名呼人表示地位高于被呼之人，兹事体大。每逢村里一年一度制作新礼品，或者有人死去，因结婚而在村里暂住的一方便须避开，因为他永远是外人。

然而，这些只是处于这个地位的人遭逢的最微不足道的耻辱，他还要面临更严峻的挑衅。夫妻共同居住的村子对因婚姻而进入的一方永远不满意，从婚礼开始直到夫妻一方亡故，两个村子之间的婚姻始终是一种交换，是相关"苏苏"的一项重要投资。从经济上讲，母系家族中的男性有权在其中扮演积极的角色。夫妻间一旦发生争吵——这是多布人的家常便饭——住在自家地盘上的一方常会找家里人特别是舅舅来撑腰，舅舅也喜欢当众教训外人，或者对他极尽羞辱之后将其赶出村子。

还有一种更亲密的挑衅。多布人的夫妻间没有忠贞可言，他们也不相信一男一女在一起——不论多么短暂——不是为了性事。夫妻间外来暂居一年的一方很快就会背上不忠的嫌疑，通常这种怀疑并非毫无根据。多布人生性多疑，最可靠的关系是同村的"兄弟"或者"姐妹"关系。婚后住在自己村里的那一年，环境祥和，超自然危险最小。公共舆论强烈反对同村"兄妹"间通婚，因为这样的婚姻迫使同一聚居点的不同人群进行婚姻交换，扰乱了村内秩序。但群内通奸很受欢迎，村里人人自幼就知道这类事。这也是夫妻中怒火中烧的一方最深切的担忧，他（也可能是她）塞钱给自己的或村里其他人的孩子，让他们打探消息。如果受害者是丈夫，他会砸破妻子煮饭的锅；如果受害者是妻子，她便虐待丈夫的狗。夫妻大吵一通，多布人的草屋一座紧挨着一座，没有哪次吵架能避开外人的耳目。丈夫在盛怒之下冲出村子，最后怒气无处发泄，他便从几种传统的自杀手段中选择一种，但没有哪种方式让他必死无疑。一般来说他能获救，他以这种方式在他妻子的"苏苏"里获得同情者，他们担心如果发怒的一方真的自杀成功，不知他的家人会做出什么事情，便对他有所收敛。他们甚至不再对他做任何事情，夫妻也就只好继续怀着怨气过下去。第二年轮转到妻子村里，她便能"以其人之道还治其人之身"。

多布人要求夫妻住在一起，但这并不像我们的文明里那样简单。实际情势使得这一制度实施起来异常困难，始终对婚姻造成威胁，甚至往往毁掉婚姻。多布人婚姻破裂的发生率是马努斯人的五倍。在多布，婚姻破裂屡见不鲜。马努斯人是福琼博士描述过的另一支大洋洲文化群体。多布人的婚姻伴侣必须遵守的第二个要求，即共同耕种田园，为自己和孩子提供食物，也因为种种文化制度而变得同样困难。这个要求与基本特权和魔法特权相冲突。

在多布，所有权的极端排他性最强烈地表现在对山药的世袭所有权的重视上。山药在"苏苏"中的继承顺序与成员的血缘一样准确无误。即便是在夫妻共有的田园里，山药种株也不会混杂。夫妻二人各自种一块地，使用各自继承的种株，并用各自"苏苏"秘传的咒语促使山药生长。他们的社会普遍相信只有自己祖传的山药能在自家田园里生长，也只有用种株自带的祖传咒语才能让山药结出果实。在实际操作中习俗所允许的例外情况我们稍后再论。就夫妻共有田园而言，不允许任何例外。夫妻在收获时各自留种，分别种植自己祖传的山药，各自照管和收获自己种下的作物。多布人永远面临食物短缺的问题，收获的山药留种后，人人在距下一轮种植还有几个月的时候就没饭吃了。吃掉留种的山药是多布人最严重的过失，此举造成无法弥补的损失，丈夫或妻子也不可能伸出援手，因为非母系继承的山药无法在自己的田园里生长。失去种株而导致破产实在过于耸人听闻，连自己的"苏苏"也不会出手相救。倘若一个人堕落到吃掉自己的山药种株，那么连其家族也不会帮助这种昏头的赌徒，他只能成为流浪的多布人了此残生。

如此一来，夫妻的田园必然各自分开，二人永远分别拥有各自的山药种株，促使山药生长的咒语也单独传授，绝不混杂。不论哪一方的田园长势不好，都会引发深深的怨恨，成为夫妻争吵和离婚的根源。尽管如此，田园里的劳动却是二人共同承担，二人的田园和房子是夫妻及其子女不可侵犯的私产，田园里产出的食物也是一家人共享。

一旦婚姻因为一方亡故而解体，或者长年分居的父母中父亲去世，子女便再也不能吃父亲村子送来的任何食物，包括每只鸟、每条鱼和每枚果子。只有父亲在世，这些食物才无害、可食用。这条规则与多布人夫妻共同养育子女的事实相背离。同理，父亲故去后，子女便不能进入他的村子了。换言之，一旦无须考虑婚姻关系，母亲的村子便不再允许子女与外族有任何接触。子女成年或进入老年之后，如果他们必须参加交换仪式，送食物到父亲的村子，他们只能低头站在村外，一动不动，等着别人将他们手里的东西拿进村。他们在村外等送礼的人回来，然后领着众人返回母亲的村子，父亲的村子因此又称"垂首之地"。多布人对已故配偶的村子则有更严格的禁忌，婚姻中健在的一方要在更远的地方驻足，或者远远地绕行。对婚姻关系的承认毫无保障，几道严格的禁令便可将它一笔勾销。

嫉妒、多疑和所有权强烈的排他性是多布文化的特点。它们在多布人的婚姻中起重要作用。然而，我们必须思考其生活方式中的其他方面，才能彻底了解其重要性。多布人一生的所求其实非常有限，这些诉求一以贯之地体现在文化制度中，被毫不含糊地贯彻落实，因而显得格外突出。就其本身而言，它们具有"一根筋"式的简单性。生存仅意味着你死我活的竞争，每一点优势都须靠击败对手而赢得，然而这种竞争与我们后面将要谈到的美洲西北海岸地区的竞争又不相同。在那个地区，竞争是在众目睽睽下进行的，冲突也表现得光明正大，而在多布，竞争却是秘密而狡诈的，"好人和成功人士"是那些哄骗邻里的人。文化则为这种行为提供了丰富的手段和可心的机会。这些目的最终控制了多布人的整个人生。

多布人与所有权相关的暴力，以及由此对他人的加害，他们相互之间的猜疑和恶意，统统在他们的宗教中得到反映。多布岛乃至整个大洋洲是世界上魔法最盛的地域。有些研究宗教的学者认为宗教与魔法相互排斥、相互抵触。如果他们看到多布人的情况，必会说多布人没有宗教。然而从人类学的角度看，魔法与宗教互为补充，都是处理超自然事务的手段。宗教在人与超自然世界之间建立起良好关系,魔法则用各种技巧自发地控制那个世界。多布人不与超自然神和解,不以送礼或献祭的方式强化超自然神与祈祷者的合作。多布人的超自然神就是几个不为人知的魔法名称,一旦知晓了这些名称,如传说里有人知晓了"侏儒怪"(Rumpelstilzchen)这个名称,便获得了控制它的力量。因此,大多数多布人不知道超自然神的名字,只有那些付出了财物的人或得到祖传的人,才知道其名字。重要超自然神的名字永远不能被大声说出来,只能被低声吟诵,以免被人偷听了去。与此相联系的所有观念都与姓名魔法相关,并不关乎与超自然界的宗教和解。

每种活动都有相应的咒语。在多布人的所有观念中,最令人吃惊的一条是如果没有魔法,生命中的一切领域将毫无结果。我们在上文中描述了祖尼人把生命中的很多时间用于开展宗教活动。他们把一切宗教活动都称为求雨。但即便考虑传统信念的夸大部分,祖尼人的生活中依然有很多领域并不依靠宗教技巧解决问题。我们在下文将会看到美洲西北海岸地区的宗教行为对那里生活中的重要活动——提升地位——的强化影响甚微。多布人则恰恰相反,因为每种事物的每种结果都要靠魔法。没有咒语,山药不能生长;没有爱情魔法,无法撩起性欲;经济活动中的实物交换也由魔法发起;树木不被施加毒咒便会遭窃;没有魔法召唤,风便吹不过来;一切疾病和死亡的发生都有妖术或巫术暗中作祟。

咒语的重要性因而无与伦比。对魔法配方的激烈争夺真切地反映出暴力是通往成功之路。魔法配方从来不是人人拥有的,所有秘密团体都没有这种特权,也从不会传给所有的兄弟,甚至"苏苏"内部的合作也不包括共享一条咒语,以其法力使全体人获利。"苏苏"对魔法继承人有严格的限制。家庭成员可以继承其舅舅的魔法配方,但每条咒语只能传给家族里的一名成员,绝不能传给咒语拥有者的两位外甥。拥有者在一众继承人中挑出一位,一般是长子,但如果另一个儿子与他关系更密切、对他更有帮助,他便不管长子,此时长子得不到任何补偿,他可能一辈子也得不到重要咒语,如山药咒语和经济交换咒语,这是他的损失,是他羞于提及的耻辱,而且这种损失通常无法弥补。不过,每个人,不论男女,都掌握一些咒语。很多人掌握致病咒语和爱情魔法。现今外出打工的青年甚至可能把咒语卖给没有继承权的人,一条咒语的价钱相当于合同工四个月的工资,交易的价格远远抵不上咒语的价值。而交易者已是白人的仆从,他们在一定程度上已经异化于本土文化了。

福琼博士曾在一个叫特瓦拉(Tewara)的小岛上住过。岛上的多布人根本不信到多布岛传教的白人或波利尼西亚传教士有能力打理田园。他们说,没有魔法,这些人根本做不到。他们没用全世界原始民族都用的说辞:本地规则只对本地人有效。多布人依赖且仅依赖魔法,他们不相信白人或波利尼西亚人可以不受魔法的约束。

最激烈的咒语争夺战发生在外甥与儿子之间,前者是舅舅的魔法的合法继承人,后者在家庭里与父亲关系密切,并与他共同耕种田园,因此根据多布人的风俗,儿子是外甥的强劲对手。多布人一贯坚定地认为只有家族祖传山药种株上附带的魔法能够让种株生长。如上文所言，山药种株绝不会扩散到家族之外。然而，田园咒语也传给咒语拥有者的儿子。这是对婚姻群体力量的又一种悄然退让，当然也明目张胆地违背了多布人的信条，即每个人对咒语的所有权都是独一无二的。

咒语恰如"医生的诊所，或商业信誉，或贵族的头衔和封地。医生倘若将同一个诊所出售或者出让给两个人，而这两个人不是合作伙伴而是业务上的对手，那么这笔交易很难得到法律支持。商业信誉亦如是。封建时代的君主倘若授予两个人同样的封号和封地，叛乱就会在他眼皮下爆发。然而在多布，（两位继承人）既非合作伙伴亦非密友或财产的共同所有者，而更倾向于互相敌对，上述行为却为法律所承认。同一种商业信誉传给了两个人"。不过，在父亲去世后，倘若儿子获得的咒语多于外甥的，外甥作为多布人传统观念中的合法所有者，可以向儿子主张权利，儿子必须免费将咒语教给外甥；但如果外甥获得的咒语多于儿子的，儿子却不能提同样的主张。

多布人的咒语必须一字不爽才有效，而且念咒时常须使用特定的叶子或树木，并伴以象征性的动作。这些咒语大部分属于交感魔法，对山药新芽描述水生灌木的情形，使之照样繁茂生长；或者描述犀鸟撕裂树桩的情形，用来祛除毁形性鼻咽炎。咒语颇不寻常，它们包含巨大的恶意，充分反映了多布人的观点：一人有所得，另一人必有所失。

多布人从整理土地准备种植山药种株开始就要举行田园仪式，仪式一直延续到收获时节。耕地咒语描述新栽下的山药种类繁多，已经长大。用于山药生长初期的咒语则描绘结网的巨型蜘蛛卡帕里，藤蔓在这个幻象的护佑下生长、缠绕。咒文是这样的：

> 卡帕里，卡帕里，
> 穿梭复扭曲，
> 笑声多欢喜。
> 我在我那枝叶蔽日的园里，
> 我和我的叶子在一起。
> 卡帕里，卡帕里，
> 穿梭复扭曲，
> 笑声多欢喜。

这一时期多布人不用魔法看护山药，也不用魔法偷盗。但是山药行将长成时，他们就必须以魔法令其牢牢扎根，因为他们认为山药和人一样，会在夜间从一个田园游荡到另一个田园。藤蔓留在原地，块茎却溜走了，上午过半时再回来。因为这个缘故，虽然田园里的劳作通常在清晨进行，但多布人从不在这个时段挖山药，这时他们什么也挖不着，必须乖乖地等着山药回来。另外，山药在生长期不喜欢过早失去自由，因此多布人要等山药长到一定的阶段才能念耕种咒语。这些咒语呼唤游荡的山药留在自家田园里，将栽种它们的田园完全留给它们。多布人在耕种田园方面的竞争与争夺魔法继承权的竞争同样激烈。谁都不承认另一位耕种者的田园里种下的山药比自己的多，或者别人的种株产出的山药比自己的多。只要邻人的产量超过自己，那肯定是邻人用魔法从自己或者别人的田园里偷了山药。因此从这时直到收获，园主会一直守在他的田园里，用尽他所知道的各种咒语吸引邻家的山药，并用反咒抵挡邻家的咒语。这些反咒令山药块茎牢牢扎在栽种的地方，等待主人来收获。

> 卡西亚拉棕榈[1]在哪里？
> 就在我田园的腹地，
> 靠近我房屋的地基，
> 它巍然屹立。
> 它不折不挠，坚定不移，
> 它牢牢站立。
> 碎木者在行动，
> 投石者在行动，
> 它们岿然不动。
> 夯土者在行动，
> 它们岿然不动。

---

[1] 卡西亚拉棕榈是最坚硬的灌木，即使其他树木都被风暴吹弯，这种树木依然屹立。

138 - 文化模式

> 它不动，它不动，
> 不屈不挠，坚定不移。
> 库里亚山药[1]，
> 它不屈不挠，坚定不移。
> 它不动，它不动
> 留在我田园的腹地。

田园是高度私密的场所，多布夫妻常可在田园中交欢。大丰收无异于承认偷盗，人们认为这是园主用危险的妖术将山药从别人（甚至是自己"苏苏"中的其他人）的田园诱出，所以要小心翼翼地隐瞒产量，向人打听产量非常不礼貌。在大洋洲周边的岛屿，丰收是一个盛大仪式，要展示山药，还要举办盛大游行，是一年中最热闹的庆典。而多布人的丰收仪式却搞得偷偷摸摸如同做贼，夫妻二人一点一点地把山药收入仓库。如果收成好，他们就提心吊胆地提防别人偷看，因为一旦发生疾病或死亡，占卜者常把它归咎于好收成，认为有人对好收成恨之入骨，于是对丰收的园主施妖术。

致病咒语自带恶毒。特瓦拉岛的男男女女每人都会1~5种致病咒语，一种咒语专用于一种疾病，拥有致病咒语的人同时拥有祛除同一种病痛的咒语。有些人独占某种致病咒语，成为唯一有能力散布和治愈这种疾病的人。因此，地界上不论谁染上了象

---

[1] 山药的一种。施咒者要对每一种山药念一遍这段咒语。

皮病或者瘰疬，都知道是什么人在作祟。咒语既给拥有者带来力量，也为他人所觊觎。

拥有咒语的人也有可能在其文化所允许的范围内受到最公开的憎恶。憎恶通常是不能公开表达的。如果多布人打算伤害某人，他们通常不敢公开挑战，而是谄媚逢迎，加倍示好。他们认为妖术施于亲密者法力更强，于是伺机下黑手。但是在对敌人下致病咒语和向外甥传授咒语时，他们可以堂而皇之地作恶。他们避开敌人的耳目，卸下所有的伪装，将咒语吹向受害者的排泄物，或敌人必经之路的一根枝蔓，然后躲在一旁确认枝蔓从受害者身上拂过。巫师在施加咒语时要模仿其所散布的疾病在最后阶段给人带来的痛苦——在地上扭动，在痉挛中尖叫。只有准确地再现疾病症状，咒语才能达到预期效果，占卜者才能预言成真。他看到枝蔓拂过受害者之后，会折一段枝蔓带回家，令受害者在自己家的棚屋里像枝蔓一样枯萎。当他感到敌人死期降临时，便将这根枝蔓放入火中烧掉。

咒语和念咒语时的动作都很直白，巫师每念一句就狠狠地往下咒的物件上吐一口姜汁。下面这段咒语能导致毁形性鼻咽炎，这种可怕的疾病会导致皮肉溃烂，如同树干被犀鸟的巨大尖喙啃噬。多布人以犀鸟为这种疾病的守护神，并以之命名这种疾病。

    住在希嘉希嘉的犀鸟

    高踞在洛瓦纳树巅，

它啄啊啄，

啄出洞，

在鼻子上，

在太阳穴，

在咽喉上，

在臀部，

在舌根，

在后颈，

在肚脐，

在后腰，

在双肾，

在肚肠，

它啄开窟窿，

它站着啄啊啄。

住在托库库的犀鸟，

高踞在洛瓦纳树巅，

他[1]蹲下去，弯了腰，

他蹲下去，捂着背，

他蹲下去，双臂在胸前缠绕，

他蹲下去，双手捂着双肾，

他蹲下去，双臂缠抱低垂的头。

---

[1] 他指受害者。

> 他蹲下去，身体蜷缩成一团。
>
> 号哭，尖叫，
>
> 它[1]飞过来，
>
> 它迅疾地飞过来。

受病痛之害的人要去找向其下致病咒语的人，这是避免死亡的唯一办法。只有同一个巫师所掌握的驱邪术能治愈或缓解病痛。请来驱邪的巫师通常并不亲自去见病人，而是由病人的亲属带一罐水去找他，他把驱邪的咒语吹到水里，然后封上罐口，让病人在自家用这罐水沐浴。人们一般认为这种驱邪术能避免死亡，但是不能避免残疾——事实上当地很多疾病只导致残疾而不致死。尽管多布人多年前就知道了这些致命的外来疾病，如肺结核、麻疹、流感、痢疾等，但是至今没有对付它们的咒语。

为了一些独特的目的，多布人随心所欲地使用致病咒语。他们既要在属于自己的物品或树木上做记号，又要图方便，于是就用自己所掌握的致病咒语来使这些物品感染。当地人说"那是阿罗的树"，或者"那是纳达的树"，意思就是"阿罗对那棵树下了第三期雅司病的咒"，或者"纳达对那棵树下了麻痹症的咒"。当然，人人都知道谁有这些疾病的咒语，而且有咒语的人都会对自己的财产下咒。要想从自己的树上收获果实，多布人必须先下驱邪咒。驱邪咒的所有权与致病咒的所有权永不分离，因此施加

---

[1] 它指咒语无形的力量。

于树上的疾病总在可控状态，不至于伤人。但防止被下致病咒的树木被盗是个难点，窃贼向树木降下第二种致病咒语，但他下的致病咒有可能无法祛除第一种疾病，其咒语可能不是针对这棵树已染疾病的解药。他念出其祖传祛病咒，在其中加入想要从树上祛除的疾病，然后把自己的祖传致病咒下在树上。树的主人来收获果实时，就有可能连带着染上了另一种疾病。他下祛病咒时永远用复数形式，以防万一。咒语是这样的：

它们飞走了，
它们离开了。

多布人多疑到了神经质的地步，他们永远提防反咒，极怕咒语带来的疾病，绝不允许用这种东西开玩笑，除非赶上饥荒，而就是那时，窃贼宁肯挨饿，也不去偷东西。害怕别人对自己的财产下致病咒的恐惧压倒了一切。咒语只下在偏远地方的树上，对村里的树下咒会把全村人都害死。一旦看见村里某棵树被缠了椰子树的枯叶——下咒的符号，全村人都会搬离。福琼博士曾进入一个他不熟悉的村子，假装对无人看管的物品下咒，其实他当时尚未学会毁形性鼻咽炎咒，他的几位男佣连夜仓皇逃跑。后来他发现，距他 50 码[1]甚至 100 码的人都弃家而逃，住到山里去了。

---

[1] 1 码约等于 0.9 米。——译者注

除了所有人都拥有的导致具体疾病的咒语，还有其他引发疾病的力量。法力强大的巫师，或曰法力强大的男性——因为每位男性都是巫师——还拥有一种更超绝的资源：瓦达（vada）。这些人可以直接接触受害人，发出可怕的咒语，受害人应声倒地，翻滚扭曲，之后再也不能恢复神智，直到预期的死亡降临。下这种咒语的人要伺机而动，下咒之前要咀嚼大量生姜，提高体温，将咒语的威力推到应有的高度。他不仅要禁欲，还要喝下大量海水使咽喉干燥，以防毒咒随着唾液一同被咽下。然后他找一位信得过的亲戚爬到受害者田园附近的树上监视受害者。这时独自劳作的受害者对危险一无所知。巫师用咒语将他和瞭望者隐身，瞭望者依然在树上坚守，以防有人靠近。巫师悄无声息地慢慢靠近，突然出现在受害者面前，发出巫师特有的吓人的尖叫声，受害者跌倒在地。据说，巫师用下了蛊的石灰刮刀取走受害者的器官，然后使伤口愈合，不留任何疤痕。接着他要对受害者说三次"叫我的名字"，以确认受害者真的不认识任何人，也叫不出任何人的名字。受害者语无伦次，胡说八道，沿着小路跑掉。从此，受害者不进食，小便失禁，肠道发炎，浑身无力，最终死亡。

这段叙述来自一个可靠且与我很熟的当地人。当地有许多人遭遇巫师下咒之后便奄奄一息，他们是当地信仰的佐证。瓦达巫术以极端的形式强调了多布习俗中的恶意，以及使恶意效果倍增的恐怖。

我们尚未论及多布人的经济交换。多布人和马拉尼西亚人一样，对互惠性的商业交易有永不枯竭的热情。多布人在内心深处对于成功有着爱恨交加的热情，这种热情主要表现在两个领域：对物质的占有和性。妖术也算一个领域，不过对于前两个领域而言，妖术不是目的，仅为工具，是在重要活动中获得和保持成功的手段。

多布社会是一个充满阴谋和怀疑的社会，多布人在物质方面的成就必定有许多与我们的文明所认可的经济目的截然不同的东西。首先，多布人所谓的物质方面的成就不包括财物的积累，甚至为别人窥见却不为田园主人承认的好收成，也足以招惹致命的妖术。炫耀也是不好的行为。最理想的商业技巧是建立一个系统，使得人人参与交易，却没人能永久占有商品。多布人所拥有的正是这样一个系统。在岛上，岛民的人生高潮是一种岛屿间的交易，它涉及十几个岛。这些岛屿在方圆150英里范围内形成一个库拉环（Kula ring）。马林诺夫斯基博士谈到特罗布里恩群岛即多布北面的那些伙伴时，也提到这种交易圈伙伴。

库拉环远远超出了多布人的文化形貌，参与其中的其他文化必然带来其他诉求和满足。库拉环的独特习俗已天衣无缝地融入多布文化模式，但它未必源于多布人，也未必源于已与之发生关联的多布诉求。我们在此仅讨论多布人的交易。我们目前对特罗布里恩群岛以外的库拉环风俗尚缺乏了解。

库拉环指一个岛屿圈，圈内每半年进行一次交易，某种贵重物品向一个方向流通，另一种物品向另一个方向流通。每个岛上的人们远航越过宽阔的海域，交换贝壳项链的人顺时针航行，交换臂饰的人逆时针航行。每个人在各个方向的岛屿上各有交易伙伴，且用其所能掌控的一切手段讨价还价。贵重物品最终流通一整圈，当然途中可能添加新物品。臂饰和项链都被冠以人名，按传统，一些有声望的人的东西比别人的更值钱。

实际交易并不像程序形式那样奇怪。地方特产制造业在美拉尼西亚和巴布亚的许多地区星罗棋布。在库拉环里，有人打磨绿岩，有人造独木舟，有人制陶器，有人做木刻，还有人调制颜料。这些物品的交易都通过主要贵重物品的议价仪式进行。倘若文化中没有相应次级结构，人们便会觉得库拉环这样的仪式性交易系统非常怪异，但是在互惠交易热情高涨的地区，这样的交易并不稀奇。甚至看似随意的臂饰和项链的流通方向实则从根上也是为情势所迫。制作臂饰的钟螺壳全部产自库拉环的北部，而制作项链的海菊蛤须从库拉环以南的地方进口到库拉环最南端的岛屿。库拉环西路岛屿的交易多于东路岛屿的交易，在西路岛屿的交易中，北部的贵重物品向南流通，南部的贵重物品向北流通。如今，贵重物品都是传统旧物，新引进的物品价值不高，但流通和交易模式沿用至今。

每年山药已种下、尚无须用魔法守护的农闲时节，多布人的独木舟便沿着库拉环南来北往。人人都有从南部来的库拉环贵重品，肯定能在北部换到他所需要的其他库拉环贵重物品。

库拉环交易的独特性在于，每个岛都要接受来自伙伴岛屿的贵重物品。出游的岛民带着发起交易时赠送的礼品，收获贵重物品，并且承诺主人回访时也会以他们拥有的贵重物品回报主人。如此看来，库拉环交易绝非市场交易，而是人人拿出自己的贵重物品，安排可接受的交换。只要送出交换的礼品，做出回报的承诺，便能得到想要的东西。承诺意味着承诺者已经拥有某种贵重物品，但是这些贵重物品放在家里，在适当的时候可随时赠送。

库拉环交易不是集体交易，交易都在个人之间进行，交易者会使出各种示好的手段。库拉环使用爱情咒语促成交易。这些咒语的法力使得合作伙伴接受自己的需求。这些咒语令请求者有了无法抗拒的好身材、光滑的肌肤、红润的双唇，使皮癣的疤痕消失了，并令请求者浑身散发着香水和软膏的芬芳。多布人好排场，他们认为只有相当于肉体激情的东西才能让隆重、和平且有利可图的贵重物品交换场面变得真实可靠。

每条独木舟上的人把食物和种种制品当作发起交易的礼品。在出海前，只有独木舟的主人和他妻子才能使用咒语。其他魔法须留待库拉环交易过程中使用。独木舟主人黎明即起，对在回程中用来遮盖贵重物品的盖布下咒，用魔法保证它将覆盖大堆财宝。妻子也必须用一条咒语祝自己的夫君一帆风顺，如海上雷电般迅疾，不仅他的合作伙伴，连带伙伴的妻小，见了他都激动得身体战栗，她的夫君乃是他们的梦中伟人。待一切准备就绪，当天剩下的时间必须举行泊船仪式，风向再顺船主也不能起航，必须避开女人、孩子、狗和日常物品等不洁之物,在杳无人迹的滩头举行泊船仪式。然而如果船向南航行,就没有类似的荒岛可停,这个泊船仪式便只能在沙滩上进行,所有人晚上都回村,说风向不对不能出发,哪怕这是弥天大谎。这是一种仪式性的有备无患,绝不可跳过。第二天一早,独木舟主人装好船,用上第二条咒语。这是针对集体的最后一条咒语了,而他在其中也是特别突出自己,一如之前他妻子的咒语。他用魔法将在发起交易时作为礼品赠出的食物变成库拉环贵重物品,并说将要接受礼品的合作伙伴像期盼新月一般期待着它们,站在他们家的平台边上翘首以盼,恭候独木舟主人大驾光临。

多布人不擅航海,他们紧贴着礁石航行,每晚都上岸过夜。库拉环之旅的季节风平浪静。多布人要念"呼风咒",召唤对他们有利的西北风来与他们用上好的露兜树叶编织的船帆"结亲","牢牢抓住它,她那淘气的孩子,快来,别让外人拐走她的夫君"。他们相信生活中的所有事物(包括风),统统由魔法招来。

独木舟终于抵达目的地,人们择一处荒僻的珊瑚礁,下船举行隆重仪式,为库拉环交易做准备。每个人都用饰物与魔法把自己装扮得漂漂亮亮。按照多布人的规矩,咒语完全属于个人,个人使用自己的魔法,也只为自己谋利。那些完全不会念咒语的人事事被动,只能临时凑合,胡乱将就。事实上,尽管拥有咒语是不可侵犯的隐私,同一条独木舟上的人也不知道他们中谁掌握咒语，但从观察到的情况看，掌握咒语的人也是库拉环交易圈中最大的交易者。他们的自信为他们赢得了超过其他同伴的优势。不论是否拥有咒语，人人都尽力准备迎接库拉环交易者；他们用向心爱的人求爱时才用的香叶使自己身体散发芬芳，佩戴用于公共场合的新鲜树叶，用颜料涂好面颊和牙齿，用椰子油涂抹身体。做完这一切，他们才觉得可以去见合作伙伴了。

每个人的交易纯属个人事务。交易中的欺诈行为很重要，也为人看重。多布人相信，对生命最大的威胁来自身边关系密切的人，对库拉环交易成功者的报复来自交易不成功的同舟人，或者至少是与其同一地界的人，而不是因岛际交易本身而起。关于库拉环贵重物品，有一句荷驶诗风格的歌词："多少男儿为之送命。"然而夺人性命的并非在交易中怒火中烧的合作伙伴，即并非多布人报复特罗布里恩人，而是来自图贝图贝（Tubetube）的人报复多布人。这种事总是发生在一个交易不成功的多布人与他那个地界上的交易成功者之间。

最易招致仇恨的是一种名为瓦布瓦布（wabuwabu）的欺诈手段。

所谓瓦布瓦布，即以库拉环北部家里仅有的一个臂饰做担保，从南部各地搜罗多条海菊蛤项链；或者反过来，以无法兑现的担保索要多个北方臂饰，用手里的一件贵重物品从多人手中换取交易礼物。这种交换属于欺诈，但也并非纯粹骗取对方的信任。

比如我是特瓦拉岛上的基斯人（Kisian），到特罗布里恩群岛上，用一个名为莫尼特·利扎尔德的臂饰作担保。然后我到萨纳罗阿（Sanaroa），在四个村子里分别订下四条不同的项链，并答应每个人用莫尼特·利扎尔德臂饰作为交换物。我这个基斯人不必把每个许诺说得很详细。等到四个人都到特瓦拉岛上来找我要莫尼特·利扎尔德臂饰时，却只有一个人能得到。但是另外三个人并不会永远受骗。当然他们会非常愤怒，而且他们这一年的交易就做不成了。下一年，我这个基斯人又到特罗布里恩岛去了，我会说我家里有四条项链，等着四个给我臂饰的人。我得到的臂饰比原来还多，可以还清前一年的欠债。

特瓦拉岛是我的地盘，那三个没有得到莫尼特·利扎尔德臂饰的人在这里处于劣势。等他们回到自己家，又离我太远，对我没什么威胁。很可能他们会用巫术杀死那个交易成功的对手——那个得到了莫尼特·利扎尔德臂饰的人，这是真的，可那是他们自己的事。我把他们的交易阻断了一年，因而扩大了自己的交易，我成了一个了不起的人。但我不能老是阻断他们的交易，否则我的交易就再也不受信任了。说到底我还是诚实的。

做成瓦布瓦布是了不起的成就，在多布最令人艳羡。传说中的库拉环大英雄曾是这方面的高手。这一手段符合多布人强调的习俗，他们的习俗允许损人利己。瓦布瓦布的冒险并非仅在库拉环交易中被允许，在婚姻交换中也可用这一招设计别人。订婚期间两个村子要安排一系列支付，涉及的财物数量相当大。胆大之徒可能借订婚之机获取经济利益。他一旦从交换中得到了远超其支出的利益，便提出悔婚，而无须做出任何赔偿。一旦得手，就证明他的魔法强过他坑害的那个村子，那个村子当然也就想要其性命。但他在本村中成了令人艳羡的人。

第二种情况下的瓦布瓦布与库拉环交易中的瓦布瓦布不同，因为交换本身未超出同一地界。群体内固有的敌对关系使得交易双方从此成为敌人，而库拉环交易中的瓦布瓦布是把乘同一条独木舟旅行的商业伙伴惹得反目成仇。但两种情况下的瓦布瓦布有一个共同点，即有人获利的同时损害了本地界的其他人。

对待死亡的行为则最浓缩地表现出我们之前讨论婚姻、魔法、耕种和经济交换时提及的各种态度。福琼博士指出，多布人"像畏惧鞭打一般畏惧死亡"，他们会立刻把错误归罪于其他人。多布人认为谁离死者最近谁就应该被归罪，那人自然就是死者的配偶。他们认为是与死者同床共枕的人带来了致命的疾病。丈夫下了致病咒，妻子则用了巫术。虽说女性也可能掌握致病咒，但男性总认为女性有一种特殊的法力，于是将死亡和丧偶归罪于女性。但如果找占卜师来指认凶手，占卜师却并不受这种惯例的影响，既可能指认男性也可能指认女性。这种惯例所反映的其实是性别对立的现实，而不是谋杀的企图。总之，男性认为女性拥有某种邪恶的技巧，这令人不禁联想到"骑扫帚的女巫"的欧洲传统。多布的女巫把自己的身体留在丈夫身边睡觉，自己却飞出去制造事故——男性从树上坠落，或独木舟从停泊的地方漂走，都是女巫在捣鬼。有时她们偷走敌人的灵魂，敌人便衰弱而亡。多布丈夫对老婆的这些诡计十分害怕，他们听说特罗布里恩的女性不搞巫术，在她们面前竟会表现出一种在家里从未有过的自信。多布男人怕老婆不亚于老婆怕丈夫。

夫妻中一旦有一人得重病，而他们这一年正好住在没生病的这一方的村子里，这时他们必须立刻搬到患者的村子里。人要尽量死在自己的村子里，没死的一方便由死者的"苏苏"掌控。此时死者配偶成了全村的敌人，是引起对立双方关系破裂的巫师。死者的"苏苏"将其遗体团团围住，只有他们能接触遗体，举行葬礼，只有他们可以悲悼哀哭。这一切活动中绝不能有死者配偶的身影。死者的遗体停在家里的露台上，如果是富裕人家，遗体上会放各种贵重物品；如果死者是种田好手，遗体边会摆上大块的山药。死者母亲一系的亲属会在传统哀悼仪式上大放悲声。当天晚上或者第二天，死者遗体由其姐妹的孩子抬出去安葬。

死者的房子从此空置，人们用草席把吊脚楼的底层围上，村主把死者的配偶关进去。这位配偶浑身用木炭涂黑，脖颈上挂着黑色绳圈，这是哀悼的标志。他在黑暗的围栏里席地而坐，度过头一两个月。之后他在岳父母的监督下，为他们耕种田园，一如当年的订婚期。他还需耕种亡妻和亡妻兄弟姐妹的田园，但得不到任何报酬。而他自己的田园只好交给他的兄弟姐妹代为打理。

他脸上不能有笑意，也不得参加任何食物交换活动。死者头骨被从墓中取出，死者姐妹的孩子举着它跳舞，死者的配偶却不能看向舞者。死者的头骨由其外甥收藏，灵魂则通过举行仪式被送去亡者之乡。

在哀悼期间，鳏夫的亲戚不仅要替他照看田园，还有其他更重的负担。他们在葬礼之后要将举办葬礼的花费送到死者村里，并把煮熟的山药送给实际操办丧事的死者外甥，还要把大量生山药摆到死者村里，分送给死者一方的亲戚，死者"苏苏"里的人得到最大的份额。

遗孀也须听凭亡夫一方亲戚吩咐，她的孩子另外担负着特殊的责任，他们每天要煮香蕉芋头糊送给死者的"苏苏"，"替父偿债"，如此持续一年时间。"难道他不曾把我们抱在怀里？"他们不属于其父的近亲，而是作为外人报答父亲一方的亲属，因为这些人里曾有人善待过他们。既然是尽义务，他们当然没有任何回报。

哀悼者还需向死者的家族付出更多，才能从死者家族的控制下解脱。第二年，哀悼者给死者家族送来大量生山药，死者方的亲属才割断鳏夫脖子上的绳套，洗去他身上的黑炭。一番舞蹈之后，他的亲戚将他领回自己村里。一年的哀悼期结束了。从此他再也不进已故配偶的村子。哀悼期结束后，鳏夫的子女自然留在亡母村里，那里才有他们真正的亲人，而他们的父亲再也不能踏入那个村子。哀悼期结束后的歌唱出父子离别之情。歌是唱给父亲的，他的苦日子到头了。

清醒地躺着,清醒地躺着
在午夜时分开口交谈。
先清醒地躺着并交谈,
清醒地躺着并交谈。

麦沃图,您周身炭黑就要
由长眠地下的母亲穆瓦尼瓦拉来清除。
黎明刺破黑夜。
先清醒地躺着并交谈。

麦沃图便是那位鳏夫,当晚是他与子女交谈的最后一个长夜。第二天,他身上的黑炭将被洗去。在"黎明刺破黑夜"的时分,他再次出现在人前的时候,身上不涂黑炭。他和他的子女从此不能再交谈。

哀悼期间,夫妻双方的部族互相指责。未亡的一方不仅代表敌对村子,习惯上还要因导致配偶死亡而被指责。他还代表了所有因婚姻关系而进入死者村子的人。我们看到,一个村庄与另一个村庄多次联姻被看成是一种失策。如果婚姻延续下去,村里的那些外来配偶迟早有一天要落得眼下这位丧偶者同样的下场。哀悼期开始的时候,他们有权在村庄主人们的果树上下禁止咒,甚至可以砍伐部分果树以泄愤。数周后,他们手持长矛冲进村子,就像在战争中力图制服一个村庄一样,袭击这个村子。他们扛来一头肥猪，粗暴地扔在死者近亲的门前，然后一窝蜂地爬上村里的槟榔树，摘下所有的果实，在村里人还没反应过来的时候，又一溜烟地跑了。禁止咒随之解除。两轮进攻都是仪式性地发泄怨恨，对象就是最终要让他们在哀悼期受苦的那些人。肥猪传统上用来代人受罪，反正一伺暴徒不见踪影，村民们便把猪做熟，分别送到那些配偶所在的村子，以最侮辱人的方式宴请他们。送礼的人将油腻的肉汤倒在收礼村德高望重的老人头上，还把肉汤洒在他身上。老人立刻向前冲，样子十分吓人，他跳起舞，手里仿佛握着长矛，并用传统方法戏弄用猪肉汤款待他的人。正如外来配偶对果树下禁止咒，他也有表达义愤的权利，谴责死者的"苏苏"强迫外来配偶在哀悼期间服苦役。死者"苏苏"里的一人出来吓唬老人，但并不用侮辱性很强的语言。老人洗去身上的油污，大快朵颐。如果死者的村里人在去死者配偶的村子时，带的是煮好的糊糊而不是猪肉，也照样要把糊糊浇在收礼一方的人身上，收礼一方也照样当众舞蹈，表达怨恨。两群人的对峙最终以多布人最隆重的宴会告终。死者村子准备一大桌食物，侮辱性地宴请来自各位配偶村的客人。"塔瓦，给你！死者家里猪成群。你家母猪不下仔。""托果，给你！死者织网最厉害。你捕鱼还不都是用他的网。""科帕，给你！死者种地是好手。整天劳作到天黑。你呢，刚到中午就不行了，慢慢吞吞爬回家。"福琼博士认为："一个地界遭受死神打击时，那里的人便以这种欢乐的方式聚集力量。"

亡故一方的村子和其配偶的村子总是相互怀疑，但这当然不是说他们真把未亡的一方当作凶手，他只是有嫌疑，但占卜师总能敏锐地抓住死者在任何领域出过的风头，并将死因归于由此引发的嫉妒。然而，丧葬仪式常常不止于仪式，而是表达"一方阴郁的怀疑和另一方对怀疑的怨恨"。这是多布人性情的典型反映。

杀人手段与魔法可能相关，也可能无关。毒药与妖术或巫术一样，是普遍容易想到的手段。女性一刻都不会让锅灶离开自己的视线，以防其他人接近。很多人拥有各种各样的毒药，他们一边念咒一边试用这些毒药，试用有效的毒药便用于办正经事。

我父亲说过，它叫布多布多（budobudo）。在海边有很多这种毒药。我想试试。我们提取了（布多布多的）汁液。我拿起一个椰子，喝了几口，把毒液灌进去，然后重新封上它。第二天，我把椰子递给那个孩子，说："我喝过了，你也喝点。"到晌午，她就病了。那天晚上她死了。她是我父亲村里阿妹的女儿。我父亲用布多布多杀了她母亲。我后来把那个孤儿毒死了。

"为什么呀？"

"她给我父亲下蛊。他觉得浑身无力。他杀了她，身体就恢复强壮了。"

我们收了礼会道谢，而多布人收礼后的客套话是："如果你现在毒死我，我还怎么报答你呢？"他们以客套话的形式，不失时机地让送礼的人知道，把"万能武器"用在对他们负有义务的人身上，并无益处。

多布人历来不苟言笑，而将阴沉视为美德。邻居稍显友善，他们便不屑地说："他们是笑的孽根。"在耕种和库拉环交易这类重要事务中，首要之义便包括谢绝娱乐活动，不能表达幸福感。"我们不在田园里玩耍，不唱歌，不哼小曲儿，也不讲故事。我们要是在田园里做这些，山药种株就会说：'这是什么咒？以前的咒语都很好，可是这个，这算什么？'山药种株就误会了，就不长了。"库拉环交易期间也有这样的禁忌。一个人恭候在安夫列特群岛（Amphletts）的一个村子外面，村里人正在跳舞，便请他参加。他愤愤地说："我老婆会说我寻开心。"这是最大的禁忌。

为多布人珍视的这种阴沉常与嫉妒、猜忌混在一起。如前所述，私闯邻居的住房或田园属于犯禁，人人都只能待在属于自己的地方。男女之间的任何相会都属于私通，根据传统，女性如果不躲避男性，男性就可以占她便宜。她独自一人，这就是无可辩驳的理由。女性通常有人陪伴，一般是小孩，她借此既避开非难，也避开了各种超自然危险。在老婆须下地干活的时节，丈夫通常守在田园入口，顺便和小孩聊天解闷，主要是看着自己老婆，不许她和别人说话。她独自到树丛里解手时，他会计算时间，在极端情况下甚至抛下多布人那可怕的假正经，随她一起去。别忘了，多布人的假正经十分厉害，堪比我们的清教徒先辈。男性不能当着其他男性脱衣，甚至一群男性乘同一条独木舟航行时，撒尿也必须走到船尾，避开其他人。性生活也是禁忌话题，不能提及，谈论性生活就是猥琐的挑逗。多布人习惯上将婚前求爱称为纯贞之举，尽管表现求爱的舞蹈伴唱充满了直白的激情，而且事实上每个成年人都已是过来人。

以我们自己的文化背景，我们对多布人根深蒂固的假正经并不陌生。与多布人假正经如影随形的阴沉，也常常与清教徒的假正经结伴而行，但二者又有不同之处。我们习惯于认为这种情结与拒绝情欲、忽视性事相关，但这种联系并非必然。多布人一方面阴沉和假正经，另一方面却存在婚前乱性，并高度强调性欲和性技巧。他们不论男女都非常重视性满足，将达到性满足视为大事。男性世界绝不容忍男性对妻子可能的不忠置之不理或忍气吞声。他们立刻为情欲寻找新方向，而不是像祖尼人那样，通过部落制度息事宁人。女性婚前接受的所有性教育就是"拴住"丈夫的唯一办法是尽量把他们搞得筋疲力尽，对性的身体因素毫不含糊。

结果，这就是多布人，阴沉、假正经，又极重情欲，满怀嫉妒、猜疑和怨恨。他们获得的每一点成功都是通过在斗争中挫败对手，从一个险恶的世界里艰难地夺取的。好人便是在这种争斗中多次获胜的人，他活下来了，而且活得不错，所有人便一望而知他是"好人"。人们理所当然地认为他曾经偷盗，曾用妖术杀死孩子和关系密切的同伴，只要机会合适就搞欺诈。如前所述，那些受人尊重的人的重要咒语就是用来盗窃和通奸的。岛上一位最受尊重的人把一道隐身咒教给福琼博士时，向他介绍道："现在你可以走进悉尼的商店，爱偷什么偷什么，别人看不见你。我就多次拿走别人做好的猪肉。我隐身和他们混在一起，然后拿走一大块肉，谁也看不见我。"妖术和巫术不是罪，重要人物离开这些根本无法生存。而坏人则是运气不好的人，或者是在争斗中被人占了上风因而肢体受伤的人，所有的残疾人都是坏人，他的身体昭示了他的失败。

殊死斗争则进一步以最极端的形式凸显了多布人缺少一般形式的法治。当然，不同文化对法治有不同标准。在我们下文将论述的美洲西北海岸地区，分毫不差地掌握仪式知识，或是毫厘不爽地学会仪式操演动作，都不能构成合法拥有，但是杀死所有者就立刻有了以其他任何方式都无法获得的所有权。通过偷听学到的仪式不算真正拥有，而在西北海岸地区的文化中有法律效力的行为在我们的文明里是被规定为彻头彻尾违法的行为。关键在于，这一地区的人总算还有某种行为具有法律效力，而多布人压根没有具有法律效力的行为。人们怕被偷听，因为偷听学到的咒语法力不亚于从其他任何途径学到的咒语的法力，没有被抓住就算数。瓦布瓦布已经制度化了，但是这种未被认可的恶毒做法不会在多布社会得到处理。有些无羞耻之心的人不为配偶服丧，女性逃避这种义务的唯一途径是某位男性愿意带她私奔。一旦发生这种情况，亡夫村里的人会追到她逃亡的村子，撒下一堆枯枝烂叶；男性出走则没有任何后果，只要他公开宣称自己擅长魔法，亡妻村里的人就敌不过他。

多布人没有首领，也不存在任何公认的权威人物，这主要由于没有社会合法性。在某个村子里，阿罗因为机缘巧合获得了一定程度的公认权威。"阿罗的权力在很大程度上不仅来源于他的个人力量和他作为长子继承的魔法，还因为他母亲和他外祖母都生下众多子女。他是长房长子，村里大多数人是与他同一血缘的兄弟姐妹。这种情况很少见，再加上他个性强，又继承了魔法，他本人也子女成群，这才出现多布绝无仅有的合法性所依赖的这种罕见环境。"

奸诈的争斗是多布人的道德理想，他们缺乏构成法治的社会习俗使之稍微缓和，也没有慈悲和善良的理想来改变它。他们斗争时用的武器不带利刃，也不浪费口舌，免得骂人干扰了他们的计划。他们只有在我们上文提到的仪式宴席上才会尽情侮辱别人。在日常交谈中，多布人都装得彬彬有礼。"我们想杀一个人的时候，就去找他，和他同吃、同喝、同睡，一起劳作、一起歇息，持续数次月圆。我们不着急，先和他交朋友。"因此，占卜师考虑各种证据以确定凶手时，会怀疑每一个与死者关系密切的人。如果谁无理地与死者接近，那就算证据确凿。福琼博士指出："多布人要么讨厌某人想要他死，要么一点也不讨厌他。"

在生活的一切领域，多布人都认为表面上的友情、合作背后只有凶险。他们凭直觉认为他人最大的善意只是为了实现其扰乱和毁灭的计划。因此,他们在出门开展库拉环交易之前,使用一道咒语,"封上在家留守者的嘴",他们理所当然地认为留在家里的人会害他们。怨恨常常成为动机,可能导致任何后果。他们的魔法也常常显示一种模式,只对种下的第一株山药或装上独木舟的第一种食物和交易礼品下咒。福琼博士曾向一位魔法师打探缘由。"山药和人一样,"他(魔法师)解释道,"它们听懂了。一个说:'那块山药被下了咒。我呢?'嘿,它生气了,于是使劲儿地长。"他们以待人之道对待超自然之物。

然而,满怀怨气的多布人有一条出路与超自然无关。他们可以自杀,或者砍倒果实被偷的树。这是受辱之人挽回尊严、获得自己"苏苏"支持的最后一招。如前所述,自杀常因夫妻争吵而发生,也的确迫使家族支持有怨气而企图自杀的一方。砍伐果实遭偷盗的树却没有如此明显的效果。没有致病咒的人会用近亲的一场致命事故或者重病给树下蛊,从树上偷盗果实的人便会遭逢这些不幸。倘若有人斗胆无视咒语,树主人便会把树砍倒。砍树与自杀相似,目的不是博取哪怕亲属的同情和支持,而是一种极端的侮辱,多布人将恶意和毁灭的意志投射到自己和其财产之上。所有的制度都要求其心怀恶意和毁灭的意志。他只有这一种技巧,而在这些时候他把它用在了自己身上。

大多数社会通过制度尽量减少极端的仇恨和恶意,多布人的生活却是反其道而行之,其制度最大限度地弘扬它们。人最大的噩梦是宇宙的邪恶意志，多布人的一生从不抑制这样的噩梦。在多布人的人生观里，美德就是选择一个受害者，并向其发泄内心的恶气，他们对人类社会和自然力量都怀着这股恶意。在他们看来，一切存在都是一场殊死搏斗，不共戴天的敌人为了自己一生的利益而互设陷阱，置对方于死地。猜忌和残忍是多布人的斗争手段。他们对别人没有丝毫同情，也从不指望得到别人的同情。

第六章　美洲西北海岸印第安人

　　生活在太平洋沿岸从阿拉斯加州到皮吉特湾狭长地带的印第安人强壮而剽悍。他们的文化非常独特，与周围部落大相径庭，有一种其他部族难以企及的泼辣。他们的价值观异乎寻常，他们的渴求也与众不同。

　　用原始民族的标准看，他们可谓极富有。他们拥有无穷无尽、唾手可得的丰富物产作为文明的基础。他们以鱼为食，出海便可撒网捕捞。他们把鲑鱼、鳕鱼、大比目鱼、海豹、烛鱼晒干储存或炼成油。凡有鲸搁浅，他们都加以利用，南边的部落还会出海捕鲸。离开了海，他们就无法生活。山峦在他们的海岸边戛然而止，他们便住在沙滩上，这片地域完全能满足他们的生活需求。沿着深深的海湾有无数岛屿，这些岛屿不仅使海岸线延长了三倍之多，而且提供了许多受保护的水域，使得航行可避开浩瀚无垠的太平洋。这里的海洋生物闻名遐迩，这一地区还是世界上最好的鱼类产卵地。西北海岸各部落的人熟知鱼群的运动规律，一如其他民族谙熟熊的习性，或播种的季节。在极少数情况下，他们也要依靠陆地的产物，如他们要砍倒大树，把它们劈成木板盖房，或者用火和扁斧掏空树干制成独木舟，即便做这些事他们也需依靠河道。除了水路，他们没有其他交通方式。他们在河道或者入海口附近伐树，然后把伐倒的树木顺流漂到村里。

西北海岸印第安人通过出海的独木舟保持往来。他们乐于冒险，航程纵贯南北。地位显赫的人一般与其他部落的显贵联姻，结婚时大摆宴席，这也是他们的炫财宴，请柬发到方圆数百英里的地方，成船的客人来自遥远的部落。这些印第安人的语言分属于不同语系，大多数人必须掌握多种毫无关联的语言。语言差异当然并不妨碍他们拥有丝毫不差的庆典，整个民间传说的基本元素也都一样。

西北海岸印第安人并不通过农耕补充食物供给，仅零星种几畦三叶草或委陵菜。男性的主业除了渔猎便是做木工，他们用木板盖房，雕刻巨大的图腾柱，用单块木板弯出盒子的四面，并在上面雕花、装饰。他们剜空木材制成出海的独木舟，并用木材制作面具、家具和各种器皿。他们不用斧头或锯等金属工具便能砍伐高大的杉树，将之劈成木板，不用车轮，仅靠海水将木材运送到村里，盖起一幢幢多户同居的大房子。他们技艺高超，精打细算，准确地将原木切成板材，将粗大的树干做成房梁和柱子，用倾斜的锥孔连接木材，使表面不露痕迹。他们用单株杉木制造的独木舟能在远海航行，可载五六十人。他们的艺术大胆而奇特，能与任何原始民族的艺术媲美。

西北海岸印第安文化在 19 世纪后半叶式微。我们对其作为活文化的一手知识，仅限于部落人对上一辈的描述。而且我们仅对温哥华岛上的夸扣特尔（Kwakiutl）文化具备详细知识。因此我们对西北海岸印第安文化的描述以夸扣特尔文化为主，辅以其他部落已知的不同情况以及老人的回忆。这些老人在这个业已消失的文明中生活过。

西北海岸印第安人和北美洲除西南地区普韦布洛人之外的所有印第安人一样，属于酒神型。他们在宗教典礼上要尽量达到迷恍状态。他们的领舞者至少应在表演的高潮处失去对自己的正常控制，沉浸于另一种存在状态，他们应该口吐白沫，浑身不正常地剧烈抖动，做出在正常状态下十分可怕的举动。有些舞者需用四条绳索捆绑，由四个人拉着，以免他们在疯癫状态下对身体造成无法逆转的伤害。伴随他们舞蹈的歌曲赞颂这种疯癫是超自然的预兆：

> 毁灭了人类理性的神赐下礼物，
> 啊，真正的超自然朋友[1]，令人胆战。
> 毁灭了人类理性的神赐下礼物，
> 啊，真正的超自然朋友，将房里的人驱散。[2]

舞者手持燃烧的炭火不停地舞蹈、耍弄。他时而把炭火放入

---

[1] 指世界北端的食人怪，即舞者的守护神，舞者受其神力支配。
[2] 将屋里的人吓得四散而逃。

口中，时而抛向人群，有些人被烫伤了，有些人身上的杉树皮外套着火了。这时熊舞者上场，歌队唱道：

> 这位超自然神大发雷霆。
> 他要用双臂将人举起，折磨他们。
> 他要吞噬他们的皮和骨，用牙齿碾碎他们的骨和肉。

在表演中出错的舞者必须倒下装死，扮演熊神的人压在他们身上，假装将他们撕成碎片。有时这样的举动是假装的，不过按照传统，某些错误不可饶恕。熊舞者（熊神的扮演者）在盛大典礼上须穿完整的黑熊皮，即便在不怎么重要的仪式上，这位扮演者也须将熊前腿皮套在双臂上，并露出熊爪。熊舞者围着火堆舞蹈，以掌挠地，模仿熊发怒的样子，周围的人则唱起熊舞者之歌：

> 熊神走遍世界，我们如何能躲过他？
> 我们钻入地下吧！
> 用泥土遮盖我们的脊背，
> 来自北方的可怕大熊就找不到我们啦。

西北海岸印第安人的这些舞蹈属于宗教会社表演，个人由超自然保护神引荐入会。与超自然神相会的经历和寻求幻象的经历密切相关。在北美很多地方，想获得这种经历的人须经过祈求、斋戒、独处，往往还有自虐。祈求者将终生得到守护神的佑助。然而在西北海岸，个人与神的遭遇则仅余形式，不过是获得秘密会社入会权的一种说法。随着幻象空留形式，已获得超自然力的人展示其神圣疯癫的义务更为重要了。夸扣特尔青年在加入某个宗教会社之前，要被神灵掳走，在林间独处一段时间，据说他们在这段时间里被超自然神控制着。他们斋戒以便显得瘦弱，为从林间归来时展示癫狂状态做准备。夸扣特尔人的冬礼非常隆重，包含一系列宗教礼仪，目的都是"驯服"新会员。他们刚从林间归来，浑身都是"摧毁人类理智的力量"，必须把他们带回世俗生活的层面。

"食人怪舞者"的入会仪式格外刻意地表达出西北海岸印第安文化中的酒神精神。食人怪会是夸扣特尔人最重要的组织，其成员在冬礼上占据最高荣耀的座位，食人怪开吃以后，宴会才能开始。而食人怪凭借自己对人肉的偏爱，有别于其他宗教会社成员。他跳到旁观者身上，用牙齿从旁观者的胳膊上咬下一块肉。他的舞蹈便是疯狂吞噬自己面前的"食物"——由一女子双手捧出一具事先准备好的尸体。盛大仪式前需杀死一批奴隶，把尸体喂给食人怪吃。

夸扣特尔人的食人习俗完全不同于大洋洲许多部落以之为享乐的习俗，也完全不同于非洲许多部落以人肉为粮食的习俗。夸扣特尔人内心深处反感吃人肉。食人怪在将要吃下的肉面前浑身颤抖地舞动时，歌队替他唱道：

现在我要吃了，

我的脸变得惨白。

我要吃了，世界北极的

"食人怪"赏赐的食物。

食人怪把从旁观者手臂上咬下的每一口皮肉数得一清二楚，事后他会服用催吐剂，直到把吃下去的皮肉全吐出来，而且他常常根本不把这些皮肉咽下去。

还有事先准备好的尸体和专为食人典礼杀死的奴隶的尸体，这些比从活人手臂上咬下的肉更不洁。吃下这些污物后的四个月内，食人怪成为禁忌，他独自待在自己僻静的狭小卧室里，门口有熊舞者把守。他用专用餐具吃饭，禁闭结束后这些餐具需要统统销毁。他喝水永远谨守礼仪，每一次绝不超过四口，而且嘴唇绝不触碰水杯。他必须用吸管和挠头器，短期内不能吃任何热食。禁闭结束重归人类时，他要装作忘记了所有日常生活的方式，重新学习走路、说话、吃饭。他假装远离了此世，因此已经不熟悉凡人的生活方式了。禁闭结束后，他依旧具有神性。在一年之内，他不能碰妻子，不能赌博，也不能劳作。根据传统，他要无所事事地过上四年。夸扣特尔人在恐惧和禁忌中，以符合酒神型美德的方式表达了他们对吃人肉这种行为的极端反感。

食人怪会的新成员在林间独处时，会遭遇一具事先挂在树上的尸体，尸体的皮肤已经晾干。他要把尸体收拾好，作为他在舞会上的"食物"。静修接近尾声时,整个部落开始准备冬礼,这是新成员正式加入食人怪会的主要仪式。部落里的人依照各自在典礼中的地位进入神圣状态。他们召唤冬舞之神,有此权利的人要通过超自然疯癫展示自己的权利。他们必须竭尽全力、一丝不苟地操演仪式,因为食人怪正与其他拥有祖传神力的超自然神在一起,须用大法力方能将之唤回,而刚开始他们的努力毫无结果。

食人怪会全体成员合力疯癫,终于唤醒了新成员,房顶上突然传来他的声音。他疯了,拆开房顶的木板,纵身跃入人群。人们试图围住他,却只是徒劳。他绕着火堆奔跑,然后从一道秘门冲出去,身后只留下他刚才佩戴的圣物——铁杉树枝条。部落会社成员一齐追进林子,于是再次看见了他。他消失三次,在第四次消失时,一位老者从人群中走上前,嘴里高喊"诱饵",食人怪冲过来,抓住老者的手臂一口咬下去。人们趁机捉住他,把他带到将要举行仪式的房子里。他失去了理智,抓住谁咬谁。到了举行仪式的房前,他一通挣扎,谁也不能把他弄进去。最后,一同入会的女性赤身露体捧着尸体出来了,她的职责就是用双手奉上备好的尸体。她面对食人怪,边舞边退,将他诱入房子,此时他依然未被制服。最后,食人怪再次爬上房顶,穿过乱七八糟的木板跳下来,狂乱舞蹈,不能自持。他的全身肌肉都抖动起来,他进入一种特别的战栗状态,夸扣特尔人认为这就是癫狂状态。

食人怪在癫狂中再次抱着尸体舞蹈。整个冬礼中最惊人的酒神型技巧或许是最后驯服食人怪，并且他开始四个月的禁忌。据他们文化中现下的观念，这一过程以最极端的方式表现了恐怖和禁忌中包含的超自然力。

仪式由四位祭司引领，他们拥有驯服食人怪的祖传超自然力。新成员进入深度癫狂的状态，无法舞蹈了，他四处乱跑，几位看守试图捉住他，祭司们用不同的驱邪仪式，试图"控制"癫狂的食人怪。他们先用火，把点燃的杉树皮在他头顶挥动，直到他趴在地上，然后改用水，用在火上烤热的石块给一箱水加温，再把水浇在新成员的头上。一切动作都充满仪式感，这道仪式之后，他们用杉树皮做成人形，代表癫狂的食人怪，把它扔进火里烧掉。

最后一道驱邪仪式用经血。西北海岸印第安人认为世上没有什么比经血更为不洁。经期妇女要被隔离，倘若她们在场，任何萨满仪式都会无效。经期妇女不能涉水，也不能靠近海边，不然会得罪鲑鱼。如果病人经萨满医治无效而死去，那一定是造屋的杉树皮上有经血的痕迹。因此在对食人怪施用的最后一道驱邪仪式上，祭司将四名地位最高的妇女的经血撒在杉树皮上，用这块树皮的烟熏食人怪的脸。驱邪仪式见效，食人怪在跳舞时开始清醒。跳到第四支舞时，食人怪渐渐被驯服而安静，他脱离了癫狂状态。

西北海岸印第安人的经济生活、战争和哀悼也像食人怪入会仪式和仪式舞蹈一样，表现出强烈的酒神型倾向。他们与日神型的普韦布洛人相比，完全处于另一个极端，倒是与绝大多数北美印第安人比较接近。然而，他们也有独特的文化模式，表现为错综复杂的所有制和财富操控。

西北海岸印第安人诸部落拥有大量财产，且有严格的归属。这些世代相传的财产同时也是他们的社会基石。他们的财产分为两类——土地和海域，且由血缘群体共同拥有，世代相传给所有成员。他们没有农田，但血缘群体拥有狩猎领地，甚至野生浆果和野生根茎的领地，谁也不能擅自进入别人的家庭领地。家庭捕鱼领地也有严格的划分。当地人常常要到很远的狭窄沙滩上挖蛤，而村子附近的沙滩可能属于其他家族。这些地方的归属历史悠久，村子迁址了，而蛤床的所有权没变。不仅是沙滩，就连深海区也被严格划分了所有权。视力范围内两个地标的连线，便是属于某个家庭的大比目鱼海域边界。春季捕捞烛鱼时，河流也分段属于不同的家庭，许多家庭需长途跋涉，到属于自己家的河段捕鱼。

然而，还有更珍贵的财产以不同的方式被夸扣特尔人拥有。夸扣特尔人十分重视生活资料的所有权，其所有权的表达却并不以生活资料为主。他们认为最珍贵的是超越物质财富的特权，这些特权有的是物质形式的，如带名字的房前柱和带族徽的勺子，但更多的是非物质财产——名号、神话、歌谣和特权等，这些才是富有之人最爱吹嘘的。这些权利都属于某个血缘家族，但并不为家族成员所共有，而是在特定时段属于某一个体，由他作为行使权利的唯一人选。

其中最重要也是最基础的权利是贵族头衔。每个家庭、每个宗教会社都有一系列头衔，个人凭其继承权和经济实力获得这些头衔，也就获得了部落里的贵族地位。这些头衔也是个人名号，但根据传统，这些名号自开天辟地以来就无增无减。人一旦获得这样的名号，便继承了一生使用这些名号的祖先所有的伟大，一旦他将这些名号传给了后人，他本人就必须放下名号所赋予的一切权利。

血缘并非获得这种名号的唯一条件。拥有这些名号首先是长子的权利，幼子没有这种地位，他们只是不受重视的凡夫俗子。其次，个体必须散发大量财富才能获得名号。女性最主要的任务不是处理家庭琐事，而是编制大量的垫子、篮子和杉树皮毯子，把它们藏在男性制作的珍贵箱子里，用以换取权利。男性则要积攒独木舟，以及用作钱币的贝壳。大人物拥有大量物资，或者以大量物资放债收取利息，这些物资像纸币一样流通，帮其获得权利。

这些物资在一个复杂的货币体系里充当钱币。整个货币体系靠收超高利率维持运转，借贷的年息通常为百分之百。个人财富以其借贷出去的财产和利息计算。夸扣特尔人有丰富且唾手可得的海产品，他们从海里源源不断地得到作为货币的贝壳，并且使用一种虚构的高价值单位——"铜板"。若非如此，他们的高利贷根本不可能存在。所谓"铜板"就是用本地出产的铜做成蚀刻的铜片，一个"铜板"相当于1万多条杉树皮毯子。这些铜板本身当然并不值钱，其价值取决于上一笔交易用它买下了多少货物。此外，在任何一笔大交易中，收回多少货物从来不由个人决定。交易的组织者是当地群体的名义首领，部落间的交易就由部落的名义首领组织，这些名义首领在交易中统一掌控手下所有人的财物。

每个将来堪当重任的人，不论男女，自幼就要参与这种经济竞争。他出生后获得的名字仅表示其出生地。等他长到需要获得比较重要的名号时，家里的长辈会给他一些毯子，他获得名号的同时，也要把这些毯子分送给各位亲戚。收到孩子礼物的人承诺及时回礼，并返还高额利息。首领在随后举行的公开交换中如果得到了一份礼物，他会以三倍的数量返还给孩子。孩子在年底必须以百分之百的利息偿还他最初得到的资助，但剩下的便归他自己所有，数量相当于他最初得到的毯子。他可以用两三年把这些毯子租出去，收取利息，直到足以支付他为获得名号而举办的平生第一个传统炫财宴。这时，他的所有亲戚和部落长老都来参加宴会。他的父亲当着所有人的面，包括在首领和部落长老面前，放弃表示自己地位的名号，把它传给儿子。

继承人从此成为有名号的人，在部落里获得一个传统位置。此后，他举办或参加更多炫财宴，也将获得地位更高的名号。重要人物像蛇蜕皮一般不断变换自己的名号。名号表示他的家族关系、财富、他在部落里的地位。不论以什么目的而举办炫财宴，婚事也罢，孙子成年也罢，向敌对部落的首领挑战也罢，主人都可趁机为他本人或者为他的继承人获取新名号以及相应的特权。

夸扣特尔人的婚姻是获取社会地位的重要途径。在他们部落以北的其他西北海岸部落处于母系社会，部落民众的地位按母系血缘传递，虽然在部落中这些地位实际由男性占有。夸扣特尔人与之正相反，他们按地缘聚居，男性在其父生活的村子里建立家庭，但他们并未完全抛弃古老的社会基础，尽管对之做了很大调整。他们做了让步：大多数特权通过婚姻继承。某男子将自己的特权传给女婿，但这些特权仅由女婿掌控，并不成为他的个人财产，他只是替家里的其他人，特别是赠与者女儿的孩子们，维护这些权利。母系继承通过这样的方式得到保证，尽管并不存在母系群体。

在孩子出生或成年时，女婿能得到一些特权和财产，以回报他家提供的彩礼。换言之，妻子是不折不扣用铜板买下的。婚姻与其他任何经济交换一样，靠下定金保证交易的有效性。彩礼越多，新郎的家族越有面子。在第一个孩子出生后举办的回礼炫财宴上，女方要把彩礼连本带息还给男方家。还上彩礼之后，妻子就被家人赎回了，她在婚姻中也就是"无偿住在夫家"，这时丈夫要再次把她"买过来"，岳父则回赠送他一笔财产，就这样延续一生，每逢小孩出生或者成人，岳父就把自己的特权和财产转移给女婿，最终把它们传给女儿、女婿的孩子，子嗣才是婚姻的真正目的。

夸扣特尔人的宗教组织仿照其世俗社会的模式。整个部落依血缘组织，拥有祖传的贵族头衔。超自然力会社也以这种模式组织起来，有食人怪会、熊神会、愚人会等。会社与家庭一样，有不同等级的头衔，只有在宗教等级和世俗等级里都是首领的人才有重要地位。一年分为两半，夏季归部落里的世俗组织掌管，个人依其贵族头衔的等级获得优先权，这一套到冬季便作废，冬礼上超自然力的哨声一响，部落就不再允许称呼人的世俗名字了，围绕这些名字建构起来的整个社会结构都被封存起来，部落成员在冬季的几个月里按照将他们引入超自然会社的神灵组合起来，冬礼期间人的地位取决于其在食人怪会、熊神会、愚人会或其他会社里名号的等级。

然而二者的差异并没有我们想象的那么大。世俗的贵族头衔通过家族继承获得，宗教会社的高级头衔亦然。在婚姻中，这些头衔是约定嫁妆里最重要的部分。加入食人怪会或愚人会意味着获得了通过血缘或婚姻方能获得的特权，而这些权利的有效性和其他任何权利一样，靠送礼维持。因此，在部落按宗教关系组织的时间里，大家庭并不会暂时搁置其祖传的地位，家庭成员只不过是在这个时间里展示另一套特权，这套特权与他们在部落的世俗组织里拥有的特权非常相似。

西北海岸印第安人一年到头忙的主要就是这种游戏，维持和使用他们拥有的特权和头衔。这些特权和头衔可能是从各位前辈那里继承的，可能是别人赠送的，也可能是通过婚姻获得的。每个人都不同程度地参与其中，只有奴隶才被排斥在外。在这种文化中，操控财富已远远超出了对经济需求的现实反映和对这些需求的满足，而是关乎资本、利息、惊人的浪费等方面的观念。财富不仅是经济货物，甚至不是除交换外从不使用、收在箱子里专等炫财宴的财物，而是一种更为典型的特权，完全失去了经济功能。歌谣、神话，首领门前柱上的名号、他们的狗和独木舟的名字，都是财富。宝贵的特权，如将舞者绑在柱子上的权利，或向舞者递送涂脸油脂的权利，或粉碎杉树皮让舞者擦去油脂的权利，都是财富，在家庭里代代相传。与夸扣特尔人相邻的贝拉库拉人（Bella Coola），家庭神话是尤其珍贵的财富，为了保证这种财富不在外姓人手里散失，贵族的婚姻都被限制在家庭之内。

很显然，西北海岸印第安人对财富的操控在很多方面效仿了我们的经济安排。这些部落不是花费财富换取经济价值相等的货物，而是视之为具有固定价值的筹码，助其在游戏中获胜。对他们来说，生活就是一架梯子，头衔、名号及其附带的特权则是梯子上的横杠，每上升一步都需送出大量财富，不过这些财富会连本带利地返还，于是攀登者可奋力再上一级。

财富的主要功能是确认高贵头衔，然而这只是事物的一方面。分赠财产也很少如此简单。西北海岸印第安人重视贵族头衔、财富、族徽和特权的最根本原因揭示了其文化的主要动力：他们用这些元素进行竞争，在竞争中力求羞辱对手。每个人都尽自己的力量在分赠财产的过程中不断与其他所有人争锋，力争超过他们。刚接受人生第一笔赠予的少年选择另一位青年作为送礼对象，如果他选择的青年拒绝参与，那就等于那位青年从一开始就认输了，所以只好拿出同等数量的财产。如果那位青年回礼时不支付利息，数量达不到原礼的两倍，也会颜面尽失，地位下降。而对手的声望则相应提高。生命不息，竞争不止。成功者财富持续增加，强劲的对手也越来越多。这是一场战斗。夸扣特尔人说："我们的战斗不用武器，而用财产。"一个人送出一个铜板，压倒了对手，这就与在战场上打败对手一样，夸扣特尔人在二者之间画了等号。他们有一种舞蹈名为"引血入室"，有人说男性手里的铁杉枝环代表在战争中斩获的人头。他们把枝环抛入火堆，喊出每个枝环所代表的敌人的名字。火焰升腾，烧毁了枝环，他们高声呼叫。但是枝环实际上代表他们送出去的铜板，他们呼喊的名字则属于通过赠送财产而征服的对手。

夸扣特尔人所有的交易只有一个目的，就是显示自己比对手强。他们以最肆无忌惮的方式展示这种优越，口无遮拦地自吹自擂，耻笑所有来宾。以其他文化的标准判断，他们的首领在炫财宴上的讲话简直不知廉耻、自大狂妄。

> 我是伟大的首领，令人自惭形秽。
> 我是伟大的首领，令人自惭形秽。
> 我们的首领令你们汗颜。
> 我们的首领令你们嫉妒。

我们首领此世的丰功伟绩，令你们羞愧地捂脸，

他一次次把丰厚的盛宴赐予所有部落。

*　*　*

我是首领，唯一的参天大树！

我是首领，唯一的参天大树！

你们各部落，都要服从我。

你们各部落，你们坐在后室的中央。

你们各部落，是我第一个把财产赠予你们。

你们各部落，我是你们的雄鹰！

*　*　*

诸部落之人，带着你们财产的筹码来吧，

他压根数不清首领将要送出的财产，

他是伟大的铜板制造者。

来啊，竖起高不可攀的炫财宴柱子，

这是诸部落唯一的大树，唯一的壮根。

我们的首领在房里发怒了，

他将要表演愤怒之舞。

我们的首领将表演怒火之舞。

*　*　*

我是雅佳特兰利斯（Yaqatlenlis），我是浓云（Cloudy），

我也是赛维德（Sewid）；我是伟大的唯一（Only One），我是烟的拥有者（Smoke Owner），我也是伟大的邀请人（Great Inviter）。我每到一处，就娶下那部落首领的女儿，这些名号都是我得到的结婚礼物。有些首领，那些宵小，想诋毁我的名号，把我打倒。他们的话，我只觉得可笑。我那些当首领的祖上，他们的伟业有谁比得上？我靠他们名扬天下。唯有我祖上那位首领，办了盛宴，分赠了财产，其他人都不过想学我的样。他们想学那位首领——我的祖父，他是我们家的根。

* * *

我是所有部落里的头号人物，

我是所有部落里唯一的大人物。

各部落的首领只不过是一方的首领。

我是所有部落里唯一的大人物。

我在应邀前来的所有首领里，搜寻和我等量齐观的伟大。

我在宾客里找不到一位首领。

他们从不设宴回请，

那些孤儿，穷人，各部落的首领！

他们使自己蒙羞。

是我把海獭送给这些赴宴的首领，各部落的首领。

是我把独木舟送给这些赴宴的首领，各部落的首领。

这些自吹自擂的颂歌由首领的侍从在各种重要活动中演唱，

是其文化最典型的表达。夸扣特尔人认可的一切目标都围绕出人头地的愿望。他们的社会组织、经济制度、宗教、生死都是表达这一愿望的渠道。他们所理解的胜利包括公开嘲讽、谩骂对手,在他们的风俗里,这些对手也是他们的座上宾。炫财宴的主人会把将要接受铜板的首领雕刻成真人大小的漫画形象,凸出的肋骨说明其贫穷,不雅的姿势表明其地位低贱。举办宴席的首领还用歌唱侮辱他的客人:

> 喂,让一让。
> 喂,让一让。
> 别看这边,我要殴打和我同为首领的这些人,
> 发泄我心中的愤恨。
> 他们装模作样;他们把同一枚铜板
> 卖了一次又一次,给那些部落的小首领们。
> 啊,别求饶,
> 啊,求饶也没用,举起手来,
> 你们这些耷拉舌头的人。
> 我只能大笑,我只能嗤笑,
> 他掏空了自己房子里(的藏宝箱),他那炫财宴的房子,
> 他邀请我们前往的房子,我们却没有填饱肚子。

* * *

> 这是我大笑的缘由,

我对没钱的人放声大笑的缘由,

那个强拉硬拽在祖宗里寻找首领的人。

小人的祖宗里没人当过首领,

小人没有从祖父那里继承的名号,

小人要劳作,

小人要辛苦劳作,

他们犯错误,他们来自小地方。

这是我大笑的唯一缘由。

     * * *

我是伟大的首领,我征服天下,

我是伟大的首领,我征服天下。

嘿,别停下,该干啥干啥!

那些整天四处游荡的人,

辛苦劳作,(像鲑鱼一样)丢了尾巴,

我对他们只有嗤笑,笑那些对真正的伟大首领望尘莫及的人。

哈!可怜可怜他们吧!给他们满头发脆的干发抹点油,

那些从不梳理的头发。

我嗤笑那些对真正的伟大首领望尘莫及的人,

我是伟大的首领,我令其他人自愧不如。

  西北海岸印第安人的整个经济体系鼓励这样的自恋。首领通过两种方式获得他所追求的胜利，一种是赠送大量财产，让对方无法按照要求的利息偿还，达到羞辱对方的目的；另一种是毁坏财产。两种方式都要求对方以相同的数量回报，只不过在第一种方式里，赠予者的财富加倍增多，而在第二种方式里，他自己也倾家荡产。在我们看来，两种方法的后果截然相反。在夸扣特尔人看来，两种方法相辅相成，都是战胜对手的法宝，而人生的最高荣耀就是毁坏一切。这是挑战，其烈度相当于出售铜板，而且永远是针对某个对手。对手为了挽回颜面和避免羞辱，必须毁坏同等数量的贵重物品。

毁坏财产的方式有多种。在盛大的炫财宴上大量消耗烛鱼油就是破坏性竞争。把大量烛鱼油给客人吃，还有一部分倒在火堆上。客人落座的地方离火堆很近，烛鱼油燃烧产生的热令他们坐立难安，这也是竞赛的一部分。客人们为了颜面，只能一动不动地坐在原地，任由烈焰升腾舔到椽子。主人也必须对烧毁房子的危险漠然处之。一些地位最高的首领还会将人形雕像放在房顶上，这个人形雕像被称为呕吐者，与一段水槽相通，珍贵的烛鱼油从雕像嘴里淌入房里的火堆。如果前来赴宴的首领从未举办过如此奢华的宴会，他必须退席，回去准备超过对手的答谢宴；如果他认为这场宴席比不过他之前办的宴席，他便对主人极尽侮辱，而主人便须想出新办法显示自己的伟大。

为了更胜一筹，炫财宴的主人可能派几位使者毁坏四艘独木舟，把碎木片放在火堆上。他也可能杀死一个奴隶，或者打碎一枚铜板。但是，在炫财宴上打碎的铜板对主人来说未必失去了所有价值。打碎铜板有许多等级，如果某位首领认为宴席不够丰盛，不值他送出的宝贵铜板，他可能将铜板切去一块。他的对手这时必须拿一枚等价的铜板，也切下一块。对赠予实物的回报类同于收到一整块铜板。在与多个对手竞争的过程中，一块铜板可能散落在沿海岸方圆数百英里的范围内。倘若哪位大首领收集到了所有的碎片，他会将这些碎片重新铆在一起，这块铜板便身价大涨。

夸扣特尔人的哲学认为，这种习俗的另一种方式就是真的毁坏铜板。大首领召集全部落的人，宣布要办炫财宴。"还有，我豪气冲天，要在这堆火上杀死我的铜板丹达拉尤（Dandalayu），它这会儿正在我房里'哀号'。你们都知道这是我用多少东西换来的吗？我花了4000张毯子。现在我要把它毁掉，为的是战胜对手。为了你们，我的族人，我要把这房子变成战场。欢乐吧，首领们，天下从没有过如此盛大的炫财宴。"首领把他的铜板放在火上，火焰吞噬了铜板。有时他也会走到岬角，把铜板抛入海里。他以这种方式抛弃了财产，但获得了无与伦比的声望。他最终在与对手的竞争中占了上风，对手不得不毁坏一枚同等价值的铜板，或者在竞争中认输。

首领必须傲慢且专横。但他如果在任上表现得过分残暴，也会受到文化的限制。他不能因毁坏财产而使整个部落沦为赤贫，也不能参加给全部落带来毁灭的竞争。阻止首领过度行为的社会规则成为一条道德禁忌——行为过度的禁忌。行为过度总会带来危险，首领必须行而有度。下文会讲，习俗所规定的界限内允许许多极端行为，但首领倘若贪功而对部落提出过分要求，社会规则便会发挥作用。夸扣特尔人认为好运会抛弃行事过度的人，他从此得不到同胞的支持。社会总会有所限制，尽管我们会觉得这些限制颇为奇怪。

这种出人头地的念头在西北海岸印第安人中非常强烈，其炫财宴交换的每一个细节都透露这种念头。盛大的炫财宴要提前一年甚至更早发出邀请，成船的贵族从遥远的地方赶来参加宴会。主人出售铜板之前，有一番自我炫耀的演讲，夸耀自己的名号多么伟大、自己的铜板价值多么高。他让宾客亮出准备作为回礼的财物。客人们刚开始比较低调，只说出财产价值的一小部分，然后一步步把气氛推向高潮。卖方和他的同伴每次听到逐渐增加的价码，都轻蔑地说："这就完了？你想好没有，打算买这枚伟大的铜板吗？这还没完呐，再添点儿。这枚铜板的价钱配得上我的伟大。再多加四百张。"买方则一边说："哎哟，首领，你真狠心啊。"一边立刻差人如数取来毯子。他带来的报数人边数毯子边报数，然后对各部落的人说："看见了吧，诸位。看见我们怎么买毯子了吧？我部落的人买铜板的时候，可厉害了。他们可不像你们。我带来的这堆毯子，一共一千六百张。这就是我要对那些不懂怎么买铜板的人说的，夸扣特尔的首领们。"话音刚落，他的首领便站起来对众人说："现在你们看见我的名号了，这就是我的名号,这就是我名号的分量。这如山的毯子直插云霄。我的名号就是夸扣特尔人的名号,这事你们做不来。各位,看着啊,以后我可得让你们买我的东西了。各位,我可不希望看到你们来买我的东西。"

而铜板的交易刚开始。卖方的一位首领站起来,自述伟业和特权。他提起自己那些神一般的祖先,然后说:"买铜板这事我懂。你老说自己多富,首领,你就没想过买下这枚铜板吗?再加1000张毯子就行,首领。"铜板的价钱就这样水涨船高,最后,用来交换的毯子数量达到了3200张。接下来卖方就要求买方把这些毯子装入贵重的箱子,箱子拿来了,买方还必须再送些礼物,"让铜板的主人高兴高兴"。买主一一照办,说:"听着,各位首领。把这艘独木舟拿去开心吧,值50张毯子呢;还有这艘独木舟,也值50张毯子;这艘独木舟,也值50张毯子。这儿还有200张毯子,一共4000张毯子。成交。"铜板的主人说:"行嘞。"但是他们还没成交。买方对铜板的主人说:"怎么了?这个价钱你就接受了?太快了吧。你看不起我,首领。我是夸扣特尔人,天下所有部落的名号都是我所出。我和你的交易还没完成,你就放弃了。你永远比不过我呀。"他派信使把他的姐妹和公主都叫来,又给了对手200张毯子,当作"他家公主的衣服钱"。最终价钱加到了5200张毯子。

买铜板一般都是这样。在大首领之间的竞争中,暴力和敌对毫无节制地释放,这是他们的文化核心。夸扣特尔人有两位首领,"飞毛腿"(Faster Runner)和"远投手"(Throw Away)。我们从他们的故事中看到这样的竞争如何演变成公开的敌对。两位首领是朋友。"远投手"邀请"飞毛脚"一家来吃美洲大树莓,但是盛油脂和树莓的独木舟没有打扫干净,显得对他们不尊重。"飞毛腿"认为这是莫大的侮辱,便拒绝吃任何东西,用黑熊毯子遮住脸躺下了。他家里的人一看他不高兴了,也纷纷学他的样子。主人催他们快吃,可是"飞毛腿"让他的"代言人"说话,抱怨说他们受到了侮辱:"我们首领不吃你的这些脏东西,你这个脏人。""远投手"厉声说:"随你怎么说。你一开口好像大富翁呢。""飞毛腿"回道:"我可不就是大富翁嘛。"说着差人取来了他的名叫"海妖"的铜板。他们把铜板交给他,他猛地把铜板塞在火堆下面,"把对手的火弄灭"。"远投手"也找人取来他的铜板。他的手下把他那块名叫"斜眼看"的铜币取来,也把铜板塞到宴席的火堆下,"让火烧得更旺"。但是"飞毛腿"还有一枚叫"鹤"的铜板,他差人把它也取来,扔进火里,"把火压灭"。"远投手"没有铜板了,他无法在火堆上添加燃料,令其旺盛。第一回合,他败了。

第二天"飞毛腿"回请,派手下去请"远投手"。"远投手"抵押财产借了另一枚铜板。野苹果和油脂被端上桌之后,他也不吃,把前一天飞毛腿的话重复了一遍,然后派人去取来叫"昼脸"的铜板,用这枚铜板熄灭了对手的火。"飞毛腿"站起来对他们说:"现在我的火灭了,等着瞧。坐下来,看着我。"他跳起激烈的愚人舞——他是愚人会的成员，并且毁坏了他岳父的四艘独木舟。他手下把独木舟的碎片拿到宴席房里，加在火堆上，一雪被远投手的铜板熄灭火堆的耻辱。他的客人无论如何都不能动，否则便是认输。"远投手"的黑熊毯子烧着了，毯子下面的腿也烧伤了，但是他一动不动。等火焰熄灭了，他才站起来，若无其事地开吃，对"飞毛腿"的浪费表现出无动于衷。

"飞毛腿"和"远投手"这下就成了公开的敌人，他们决定不用世俗特权，而用宗教特权，以举办秘密团体入会仪式相对抗。"远投手"暗地策划了冬礼，"飞毛腿"通过表演者得知消息，便决定压"远投手"一头。"远投手"为一儿一女办入会仪式，"飞毛腿"便为两儿两女办入会仪式。"飞毛腿"领先于对手。四个孩子静修回来，舞蹈达到高潮，他便让愚人舞的舞者和灰熊会的人取了一个奴隶的头皮并把它切分了。他把头皮送给"远投手"，他的这番强大作为显然令"远投手"望尘莫及。

"飞毛腿"在另一个方面也大获全胜。他的两个女儿成为战舞者，主动要求接受火的考验。火堆旁搭建起长长一排木柴，他准备将两个女儿绑在木板上投入烈焰。但实际被投入火中的是两个奴隶，他们穿着真正的战舞者服装，也被绑在木板上。奴隶的骨灰被保存起来，"飞毛腿"的女儿躲藏四天之后，假装从骨灰里复活。面对这般特权，"远投手"不能望其项背，于是带着他的人与努特卡人（Nootka）打仗，最后全军覆没，只有一人活着回来讲述战事的惨败。

据说以上是真人真事，也有人亲眼见过首领之间的其他竞争，与上述故事的区别仅在于对峙的首领以不同行为展示其伟大。据至今在世的人回忆，有一次某首领用七艘独木舟和四百张毯子"扑灭"他对手的火，而与他对抗的主人却火上浇油。结果火焰点燃了房顶，整个房子几乎全部被烧毁，而赴宴的宾客都稳坐不动，假装漠然，还让人取来更多财物投入大火中。"有人取来200张毯子盖在主人的火上。终于'把火扑灭'。这时，主人上了更多白珠树果和野苹果，并拿出他女儿跳舞时佩戴的那枚铜板，将铜板塞到火堆下面。四位青年用长柄大勺将油一勺一勺浇在火上，毯子沾了油燃烧起来。主人夺过油，朝着对手们泼洒。"

这样的竞争是夸扣特尔人最大的心愿。他们的理想形象是根据这些竞争描绘出来的，凡适合这些竞争的动机在他们看来都是美德。一位年长的女首领在一次炫财宴上告诫她儿子："我的族人，这番话是特别说给我儿子的。朋友们，你们都知道我的名号。你们认识我父亲，也知道他如何处置财产。他从不安分，也不在意他的行为。他把独木舟都送人，或者投入宴会房的火里。他的海豹皮不是送给自己部落的对手，就是送给其他部落的首领，或者被割成碎片。你们都知道我说的是实话。我儿呀，这就是你父亲为你铺就的道路，你必须走这条路。你父亲不是普通人。他是真正的科斯基摩（Koskimo）首领。以你父亲为榜样吧。把包边的毯子撕掉，或者送给与我们敌对的部落吧，就这样。"

他儿子答道："我绝不断送父亲为我铺就的道路。我绝不违背我的首领为我定下的法则。我把这些毯子送给我的敌人。我们正在进行的战争激烈而甜蜜。"然后他分赠了毯子。

西北海岸印第安人以这种方式分赠财产的活动数不胜数，其中许多丝毫不带经济交换的特点。我们必须了解其背后的独特心理，才能理解夸扣特尔人在婚姻、死亡或事故中视为恰当的行为。这一文化对两性关系、宗教甚至不幸的重视程度，取决于这些场合在多大程度上提供分赠或毁坏财产以显示优越性的机会。最重要的活动是确立继承人、结婚、获得和显示宗教力量、悼亡、战争和事故。

确立继承人显然是个机会，首领可毫不掩饰地宣扬自己的伟大。他要把每一种名号、每一种特权都传给自己的继任者，而这种传承必须以其特有的分赠和毁坏财产加以印证。首领必须把"财富的武器"佩戴在新人身上。为此目的而举办的炫财宴重要而复杂，但一切程序的本质特征相当简单。以下讲述的"伟大的王子获得特拉索提瓦利斯（Tlāsotiwalis）之名"的炫财宴非常典型。同一血统的所有部落都要来参加炫财宴。等大家聚齐，首领（特拉索提瓦利斯的父亲）戏剧性地再现他凭借家族神话获得特权的往事，并宣布儿子变换名号，他的继承人从此获得了一个古老王子的名号，并准备了财物以他的名义分赠。舞至高潮，歌队代表父亲唱了一首为儿子新作的歌：

让开，把这（铜板）给他，

我一直想用它打败我的敌对首领。

各部落，不要求饶，把手缩回去。

小王子手持铜板"丹塔拉尤"从内室走出，他父亲厉声对他喝道："啊，你很伟大，特拉索提瓦利斯首领！这确实是你的愿望吗？你的伟大心愿真是让他在火堆旁死去吗？这枚有名字的铜板，这枚'丹塔拉尤'？追随你的心愿！你是奢华的首领的后裔，他们就是这样对待有名字的铜板（即打碎它们）。"王子在仪式中打碎铜板，把它们分赠给他的敌人。他对各位宾客说："我追随我的首领、我的父亲的道路，沿着这条路走下去，肆意的、毫不手软的首领，无所畏惧的首领。我希望这样，首领，我已经为你跳了'丹塔拉尤'碎片之舞，诸部落！"他把剩余的财产全部分赠出去，便继承了他父亲的首领位置。

为首领家里地位最高的女性——他的妹妹或女儿——举办的成年炫财宴略有不同。高贵的名号必须像确立继承人一样加以确认，但场面略小。首领在炫财宴上也要送出大量财物，但不是毯子和铜板，而是妇女的衣物和她们挖蛤用的独木舟，金、银手镯和耳环、草帽、鲍鱼贝饰品等。赠送财物使首领获得权利宣称自己在资深首领的阶梯上又晋升了一层，用夸扣特尔人的话说，他是"有资历的首领"了。

西北海岸印第安人为继承人举办的炫财宴虽说是自我庆贺和

展示的机会，但毕竟不是与对手直接竞争，因而表达文化的完整度和契合度皆不及围绕婚姻的炫财宴。婚姻和购买铜板一样，戏剧化地表现为战争。将要订立婚约的男性显贵把亲朋好友召集在一起，如同要上战场一般，向他们宣布："现在我们要向各部落宣战。帮我把老婆搞到家里来。"于是众人立刻着手准备，但他们战斗的武器是他们拥有的毯子和铜板，而战事基本是交换货物。

新郎给新娘的彩礼越叫越高，和买铜板的情况差不多。新郎带着聘金到新娘父亲的房子里参加宴会。每位贵族都拿出一部分财产，"抬高新娘的身价"，"给她造一个座位"。新郎报出的毯子数量越来越多，要超过岳父家报的毯子数量，显示新郎的雄厚实力。两家人的冲突也通过其他方式表现出来。新郎村里的人可能带着武器冲进新娘的村子，新娘村里的人于是奋起还击，战斗可能失去控制，有人在冲突中丧生。岳父也可能组织村里人相对站成两排，手里举着燃烧的木棍，女婿一行人便须突出重围。还有些家族拥有的权利是在宴会房里生一堆大火，新郎那边的人必须毫不畏缩地坐在火堆旁，直到火焰烧到他们身上。新娘家拥有一尊祖传的木雕海怪，这时海怪嘴里吐出七个骷髅。新娘的父亲嘲讽地对新郎那伙人说："当心了，格瓦策诺赫（Gwatsenox）！这是我女儿的追求者的骸骨。他们向我女儿求婚，又从我的火堆边逃跑。"

如前文所述，这里的要点不是新娘，而是新娘所拥有的可以传给她后代的权利。彩礼和西北海岸印第安人的许多交易无异，对岳父来说是一种义务，他必须在孩子出生和成年礼上加倍偿还。这时岳父还给女婿的财物不仅要数倍于他收下的彩礼，更重要的是还要把他有权传代的名号和特权传给他女儿的孩子。这一切都成为女婿的财产，但前提是他能把这些传给他选择的继承人。这位继承人有时并不是他和妻子的后代，尽管他的财产都是从妻子家继承下来的。这些也都不算他的财产，因为他不能在自己的炫财宴上使用这些名号和特权。最显贵的家庭可能在婚后拖延多年才偿还彩礼，直到小夫妻的长子或女儿到了加入著名的食人怪会的年纪。女婿为了接受岳父偿还的这一大笔财产，必须筹备财物以举办冬礼。冬礼也是女婿之子加入食人怪会的仪式，孩子接受的名号和特权是母亲娘家偿还当年父母结婚时的彩礼，这是婚姻交换中最贵重的财产。

偿还彩礼的数量和次数取决于岳父家庭的地位、小夫妻有几个孩子，还有每桩婚姻各不相同的其他各种原因。然而仪式却千篇一律，充满戏剧性。岳父提前数年便开始准备。他收回外债，积攒大量的食物、毯子、箱碟匙壶、手镯和铜板，单等还礼的日子到来。手镯用小棍穿起来，十个一串，勺子和碟子则捆扎在长长的"独木舟缆绳"上。岳父家的亲戚都来给他助威，也为炫富做贡献。女婿家的亲戚则在女婿家面朝大海的露台上集合，盛装出席。岳父那边的人在海边做"独木舟"，也就是用祖传的仪式箱盖在沙滩上平铺出一个百英尺见方的区域，箱盖上画了动物面孔，用海豹牙镶嵌。他们把岳父家积攒的各种物资搬到这个独木舟上，并将独木舟前端用缆绳绑在女婿家的露台上，缆绳上缀满雕花木碟和贵重的山羊角勺子。岳父家的亲戚聚在独木舟上，和女婿家的人轮流唱各自的重要歌谣。女婿的妻子，亦即当天需偿还其彩礼的女人，也在独木舟上，和她父母在一起，身上披挂了将要交给她丈夫的各种首饰。她是仪式的主要舞者，一边跳舞，一边展示她的珠宝。她戴了一只巨大的鲍鱼贝鼻环，大得需要用绳子挂在双耳上辅助支撑。沉重的耳环则用长发作支撑。舞罢，岳父站起来，向女婿报出独木舟上的所有财产。最宝贵的财产放在一个小盒子里，是各种宗教会社成员的证明，以及他将要传给女婿用于孙辈的各种名号。

一旦所有财产都转移给了女婿，他的朋友便手持斧头冲下来，劈开形成独木舟的一个箱盖，喊道："现在我们满载的独木舟坏了！"女婿接着说道："快活啊。"此即"沉舟"，意思是女婿要立刻将独木舟的财富分赠给部落里的人，他送出的财物附加了利息，自己的财产于是进一步增值。这是男人事业的巅峰时刻，此刻女婿的歌谣表达了权力至高的首领的胜利：

> 我要把斯蒂文斯山（Mount Stevens）撕开，
> 我要用它做我火塘的石块。
> 我要把卡茨台斯山（Mount Katstais）砸碎，
> 我要用它的石块把火塘垒。

有雄心的男性努力结四次婚，以获得更多重要的权利，通过回收彩礼积累财富。倘若这样的结合有利可图，即便无女可嫁，交易也照样进行。按照当地人的说法，这时女婿娶了岳父的"左脚"或"右臂"，或者身体上的其他部位。假结婚像真结婚一样举办仪式，以这种方式转移特权。由此看来，西北海岸印第安人的婚姻显然已成为转移特权的一种形式。许多讲述提及部落间的婚姻常导致嫉妒因而引发战事，尤为惊人。贵族妇女嫁入另一个群体，她部落里的人便失去了一批舞蹈和特权。他们可能不愿意这样的事情发生。有一次，一段舞蹈要随婚姻传给一个敌对部落的首领，最初将舞蹈传给岳父的那个部落因此群情激奋，谎称举办宴会，邀请了岳父和他的亲信。人到齐后，他们一拥而上，杀死了岳父和他的许多亲信，阻止将这段舞蹈传给敌对部落的首领。那位首领已经定下了婚约，本应在岳父偿还彩礼时得到这段舞蹈的所有权。如今岳父死了，首领丧失了他本以为马上到手的舞蹈所有权，他绝不会善罢甘休。他找到杀死他岳父并宣布这段舞蹈归自己所有的人，与他女儿订下婚约，终于还是得到了在第一次婚姻中就希望得到的那段舞蹈的所有权。

　　不论从哪个角度看，西北海岸印第安人的婚姻都是一场交换，而且遵循一套相同的规则。妻子怀孕，丈夫给出的彩礼便有望换回大量财物，她的血亲认为这是将她赎回了。丈夫倘若继续让妻子"无偿住在夫家"，就会很没面子。于是他只有向岳父再支付一笔财物，这样才不会成为有来无回的无礼之人。

倘若联姻的双方对交换有什么不满意,女婿和岳父之间很可能发生公开矛盾。有一位岳父在女婿幼子的成年礼上送了毯子和一个名号,但女婿没有将毯子分赠给当地各敌对部落,而是在自家亲戚中分了。这是莫大的侮辱,因为这一举动意味着对礼物不屑一顾,认为这样菲薄的礼物配不上收礼人高贵的名号。作为报复,岳父将女儿和女儿的两个孩子都接回自己村里,一雪耻辱。岳父试图用这一招将女婿击垮,然而女婿漠然处之,索性抛弃了老婆和孩子,反败为胜。"接着轮到岳父受辱了,因为女婿拒绝以任何财物换取看望自己孩子的权利。"女婿后来另娶了老婆,继续他的事业。

另一个例子,岳父没有按时偿还聘礼,首领便不耐烦了,照妻子的模样刻了个假人,邀请全部落的人赴宴,并当着众人的面在假人脖子上挂了块石头将假人沉入海里。岳父若要洗刷这样的耻辱,必须分赠和毁坏比他所有家当总数还要多的财物。女婿以这种方式降低了妻子的地位,又通过妻子降低了岳父的地位。结果当然是婚姻解体。

没有从自家继承贵族头衔的男性,还可寄希望于与地位较高的女性结婚而取得地位。这种情况常发生在幼子身上,因为实行长子继承制,幼子无法获得更高的地位。倘若他找个好人家结婚,并且精明地处理债务而积累下财富,他也可能跻身部落大人物之列。但这是一条艰难的路。把女儿嫁给平民是贵族家庭的耻辱,因为新郎无法积攒足够的财物,结婚时也不可能进行一般的财产交换。如果办婚礼时不办炫财宴,就是常言所说的"像狗一样厮混",这种婚姻生出的子女也会受到蔑视,他们的身份是非法的。倘若丈夫因为婚姻获得了妻子拥有的贵族头衔,人们会说他那些头衔是白得的,妻子的家庭也因此蒙羞。"因为她嫁给了平民丈夫,家族的名号被玷污了,成了坏名字。"虽然新郎积攒了财产,通过了名号权的验证,但各部落的人依然记得那些他给贵族家族的耻辱,首领们可能联手反对他,在某次炫财宴上击败他,扯下他身上的伪装。有这么一个例子。一位贵族妇女的平民丈夫从白人手里挣了钱,用来获取高位,于是首领们把手里的铜板凑在一起,只为战胜他。据说,他们为了让他永远活在耻辱中,打碎了 3 枚铜板,价值分别相当于 1.2 万张、9000 张和 1.8 万张毯子,而试图用钱买头衔的那位平民丈夫无论如何也搞不到 3.9 万张毯子,用来换价值与打碎的那 3 枚相当的铜板。他一败涂地,孩子也被分配到其他家庭,这些孩子有一半贵族血统,不必跟他一道蒙受耻辱。

婚姻并非获取特权的唯一途径。最为西北海岸印第安人推崇的办法是杀死拥有特权的人。杀人者获得受害者的名字、舞蹈和纹章。部落如果因为仪式拥有者敌意,而得不到想要的舞蹈和面具,可以拦截一只载有某位仪式拥有者的独木舟。杀人者于是获得了对某种舞蹈的权利,他会把这个权利交给他的首领或兄长,这位首领或兄长引荐自己的外甥或儿子入会,把死者的名号和舞蹈传给他。这样的转移方式当然意味着现主人在杀死前主人之前就已熟知整个仪式,包括歌词、舞步和圣器的使用。他获得的并不是关于仪式的知识,而是占有舞蹈的所有权。在战争中,杀敌者可获得被杀者的特权,这样的事实无疑反映了早期历史状况,即西北海岸印第安人围绕特权的冲突主要是通过战争解决的,财产竞争并不那么重要。

杀死拥有特权的人不仅是西北海岸印第安人获得特权的方法,还是他们获取神力最常用的手段。遭遇并杀死超自然神的人便获得相应的仪式和面具。各民族都倾向于将他们在人际关系中最重要的行为用于超自然,但对杀人如此满不在乎,对鬼神的态度如此缺乏敬畏,而回报最多的行为竟然是杀死他们或者侮辱他们,实属罕见,但西北海岸印第安人接受这种行为。

在继承和购买之外,还有一种获得特权的方法,即成为宗教从业者。如果有人要成为萨满,他不能由其父亲或舅舅引荐,而需由超自然神引荐,通过神鬼显灵而获得公认的名号和特权。因此,萨满"按照神鬼的旨意"拥有和行使特权,但他们的特权在印第安人的眼里与继承的特权没有区别,也以相同的方式使用。

大病得到治愈是成为萨满的传统途径。并非所有康复者都能成为萨满,只有那些独居于林间由神灵治愈的人才能成为萨满。倘若此时有超自然神降临,并赐予此人名号和神谕,他需要和其他继承特权者完成同样的程序。亦即,他在神力指引下回村,展示他新获得的特权。他公开宣布名号,并治愈一位病人,以显示其法力。然后他必须分赠财产，以确立他的新名号，进入萨满这一行。

萨满使用其特权的方法与首领和贵族无异，都是通过特权竞赛的方式。萨满嘲讽对手的超自然伪装，并与之竞赛，以显示自己技能高超。每位萨满用的机巧与其他萨满用的机巧会略有不同。支持者竭力颂扬自己支持的萨满，而贬低其他萨满。有些萨满把疾病吸出来，有些把疾病揉出来，还有些找回患者迷失的灵魂。最常见的手段是从患者身体里弄出一条小"虫子"。萨满把一粒鸟粪藏在牙齿和上唇之间。开始治疗时，他先用水漱口，以证明嘴里没东西。然后他边舞边吸，咬破腮部，在口腔里积攒起带血的唾液。他假装那些血是从患处吸出的，把血和鸟粪一起吐在碗里，然后把鸟粪涮一涮，拿给人看，说他已经祛除了导致患者痛苦和疾病的病因。同一位病人经常找好几位萨满来治疗，表演不成功的萨满如同在铜板竞赛中失利的首领，颜面尽失。他们或者一败涂地，含羞而死，或者联合起来杀死胜出者。大家都认为在萨满竞赛中战胜其他萨满的人很可能被失败的对手杀死。萨满死后，没人为他报仇，因为他的法力既可能用来害人，也可能用来治疗人，况且萨满是不能请求保护的。

夸扣特尔文化中的萨满崇拜也与围绕纹章和确立头衔名号的世俗竞赛相类似。食人怪会的入会仪式已成为逢场作戏的表演，幻象在北美其他地方被视为个人与超自然接触的经历，在夸扣特尔则空留形式。同样，在萨满崇拜中，机巧的获得、协助表演以验证巫医之言的训练，已经失去了个人与鬼神和解的意义。每位萨满有一位助手，这位助手被称为探子更为准确，他负责混入人群，摸清病人哪里不舒服，向萨满报告。萨满应邀前去治疗时，便可直奔主题，以显示他的超自然力。不管谁说浑身乏力，探子都如实报告。萨满在治疗过程中便显示法力，卜出这些人灵魂迷失，需要召回。探子乘独木舟不远万里带来的消息，被说成神灵的启示。

不论对于萨满自己还是对于民众来说，萨满与探子的密谋都并非无足轻重。许多民族认为超自然力通过人为操控的机巧自然展露。但夸扣特尔人不这么想。萨满除非像"普惠大地"（Good-over-all-the-Earth）那样被逼到走投无路的地步，否则不会承认他耍了一套手段才令他的渡鸦"拨浪鼓"（raven rattle）咬他的手。一旦萨满承认真相，人们便知道"他不过是个普通人，他在萨满仪式中搞的那一套都是假的"。这时他只能蒙羞退出，不出一年便会疯掉。萨满的机巧泄露同样意味着失败。一位萨满曾从衣领里取出一只松鼠标本，施法术令其在自己的手臂上跑。他舞蹈一通，展示自己有法力令松鼠标本复活，随后他的助手移动房顶的一块木板，放下一根细线，萨满暗地里将细线绑在松鼠上，令松鼠飞上屋顶，然后将其唤下。观众发现他呼唤松鼠的时候总是站在房间里某个固定位置，于是有人爬上房顶，发现房顶上的某个地方放了一块薄木板。这位萨满从此不再作法，而且再也没有走出他的房子，最后与"普惠大地"一样，羞愧而死。夸扣特尔人的萨满因此都要隐藏他们在表演中使用的手段，机巧败露无异于在炫财宴竞赛中失败。

萨满和世俗首领一样必须通过散财确立其特权。他每次表演治疗都会得到馈赠，丰俭由患者家庭的财富多少和地位高低决定，形式则与其他人分赠财产无异。夸扣特尔人认为萨满仪式"是获得财产的捷径"。在各种用于提高自身地位的手段中，人通过这种途径无须依靠继承或购买便可获得珍贵的特权。

在夸扣特尔人的习俗里，继承和购买甚至也可以成为获取萨满特权的方式，与获取其他特权并无二致。萨满机巧显然得靠人传授，而向新人传授机巧的萨满可以获得报酬。我们无法知晓通过继承获得超自然力的情况有多普遍。有些人会让儿子到林间静修一段时间，然后将其引荐为萨满，与成为食人怪舞者的做法相同。著名萨满"愚人"将体内的石英结晶由口中吐出，投入儿子体内，儿子于是成为最高等级的萨满，而父亲当然也就此失去了举行萨满仪式的一切权利。

西北海岸印第安人的行为存在以显示个人的高贵和对手的低劣为旨归，自我炫耀无底线，嘲讽和侮辱对手不嫌少，但事情还有另一面。夸扣特尔人对于嘲弄有强烈的恐惧，并且视过往经历为某种侮辱。他们只知晓一个情感范畴，即从胜利到羞耻。不论是经济交换、婚姻、政治生活，还是宗教仪式，都只以一种方式开展，那就是侮辱和被侮辱。然而，羞耻对其行为的控制还不止于此。在面对外部世界和自然力量时，西北海岸印第安人依然使用着同一种行为方式。所有遭遇事故的人都是遭遇耻辱。倘若有人失手令斧头滑脱伤了自己的脚，当务之急是洗刷身上的耻辱；倘若独木舟倾覆，船主也必须"擦洗身体"，以祛除耻辱。人们必须不惜一切代价避免因事故而遭受嘲笑，而通行的手段当然是散财。耻辱随财产而去，其文化中与炫财宴相关联的优越感再度建立起来。所有的小灾祸都以这种方式处理，要对付大灾就得靠冬礼、猎人头或自杀。倘若食人怪会的某个面具坏了，当事人就必须举行冬礼，将自己的儿子引荐为食人怪，才能消除影响。在赌博中输光了财产的人的出路是自杀。

死亡也是须以这种方式处理的大灾，西北海岸印第安人的哀悼形式只有放在其文化中制度化的、独特的行为域中才能理解。他们认为死亡是最大的耻辱，故以应对大灾祸的方式应对死亡，即分赠或毁坏财产，或猎人头，或自杀。他们采取公认的手段归根结底是洗刷耻辱。首领的近亲去世，首领应抛弃他的房子，也就是将墙板和房顶拆除并出售。既然这与普通的炫财宴没有区别，对每一块木板都必须等价回报加上适当的利息，当地人称之为"丧亲的疯癫"。夸扣特尔人就这样处理丧事，这套程序同样用于举行婚礼、获得超自然力，或者处理争吵。

应对死亡带来的耻辱还有一种更为极端的方式，那便是猎人头，这与找杀害死者的群体报仇完全不是一码事。死去的亲人既可能在床榻上病死，也可能死于敌人之手。这种猎人头被称为"拭泪之杀"，是通过让另一个家庭陷入悲痛而找到心理平衡。

首领的儿子死去，首领便驾起独木舟出行。邻近部落的首领在家里接待他。说完客套话，丧子的首领便对主人说："今天我的王子死了，你随他同去吧。"然后把主人杀死。当地人觉得这是高贵之举，因为他没有服输，而是奋起反击。如果不以对悲悼的偏执狂为解读基础，这一系列行为都变得毫无意义。死亡与生活中其他不幸事故一样，伤害了人的自尊，只能以侮辱之道待之。

以这种行为应对死亡的故事有很多。一位首领的姐妹和外甥女前往维多利亚市，不知是因为喝了劣质的威士忌还是遭遇了翻船事故，反正再也没回来。首领召集手下的武士，对他们说："诸位，我问你们，谁来哀哭？是我亲自做，还是有人做？"他的发言人当然应道："不用你，首领。让族里其他人做吧。"他们立刻竖起战争柱，表明他们洗刷耻辱的决心，并组织了一个战斗队。他们出发了，发现七个男人、两个孩子正在睡觉，便杀了他们。"晚上抵达锡巴（Sebaa）时，他们心情愉快。"

一位至今在世的印第安人讲述了他在20世纪70年代[1]捕捞角贝时遭遇的事情。部落有两位首领，他与其中一位在一起，那位首领名叫特拉彼得（Tlabid）。那一夜，他正在海边的棚子里睡觉，有两人将他唤醒，说："咱们首领加加赫米（Gagaheme）的公主死了，咱得去杀死特拉彼得首领。咱有3艘大独木舟和60个人。除非带着特拉彼得的头，否则咱回不去了。"吃早饭时，来者向特拉彼得说明意图，特拉彼得说："哎呀，加加赫米是我

---

[1] 原文如此，或19世纪70年代之误。——译者注

亲舅舅呀，他父亲和我母亲是同一个母亲所生。他不可能伤害我。"他们便一起吃饭。饭后，特拉彼得做好了准备，说他要到村外的一个小岛上去采蚌。部落里的人都劝特拉彼得不要去采蚌，但他对这些劝告置之不理，披上斗篷，拿起船桨，走出房子。他发了大火，因此部落里的人都不出声。他驾起独木舟，在船下水的时候，他儿子也上了船，和父亲一起坐在船头。特拉彼得就一桨一桨地朝着一个蚌多的小岛划去。船到中途，他看见三艘载满人的大独木舟，便迎着他们划去。后来他不再划了，那三艘独木舟的船头排成一行，两艘朝向陆地，一艘朝向大海。他们没有停下，接着只见特拉彼得站了起来，头却没有了。那些武士便划远了。等他们完全消失后，特拉彼得的族人划了一艘小独木舟，把载着特拉彼得尸体的独木舟拖了回来。他的儿子没掉一滴眼泪，因为"他父亲的遭遇使他的心脏停止了跳动"。族人上岸后，埋葬了这位伟大的首领。

选择以某人的死亡抹除另一人的死亡时，有一个标准，即被选中的人地位与死者相当。平民之死用平民之死抹除，公主之死用王子之死抹除。因此，倘若死者家属杀死的是一个与死者地位相当的人，被杀之人尽管遭遇不幸，但保住了地位。

夸扣特尔人应对不幸的典型方法是生闷气和走上绝路。不论是男孩子挨了父亲的打，还是某个男性丧子，当事人都会躺在床上，不食不言。直到他想好了用什么法子挽救他岌岌可危的尊严，他才起来，或分赠财产，或出去猎人头，或结束自己的生命。夸扣特尔人流传最广的一则神话是关于一个年轻人的，他挨了父亲或者母亲的斥骂，在自己的小床上一动不动地躺了四天，然后走到林间，企图自杀。他从瀑布或悬崖上跃下，或者投湖，可是每次都被一位神灵救起。神灵对他说话，还给他神力。于是他回到家，以自己的强大羞辱他的父母。

在实际情况中，自杀相对普遍。一个女子因为不忠被丈夫休回家，她母亲觉得没脸见人，便上吊自杀了。一个男性的儿子在入会舞蹈中绊倒了，他又没有财力举办第二次冬礼，自觉失败，便举枪自尽。

即便因受辱而自杀的人实际上也并不能左右自己的生死，人们依然普遍认为死亡是受辱的结果。在治疗舞蹈中被对手击败的萨满、在毁坏铜板时不敌对手的首领、在游戏中遭到挫败的少年，他们的死都被认为是受辱所致。然而导致死亡的最主要原因还是不合规矩的婚姻。在这类事件中受伤害最重的是新郎的父亲，因为新郎是婚姻中财产和特权转移的主要受益者，一旦婚姻不合规矩，他父亲便遭受惨重损失。

夸扣特尔人讲述了他们村里一个老首领如何蒙羞而死的故事。多年前，老首领的幼子和一名女子私奔到一个遥远的海湾，这名女子的父母是颇受尊重的奴隶。这事本不足道，因为幼子得不到承认，地位很低。幼子夫妻生下一个漂亮闺女。女孩长到适嫁的年龄，被父亲的长兄看上了。这位兄长在不清楚这个女孩身世的情况下娶了她。两人生下一个儿子，长兄把自己的贵族头衔传给了这个儿子。长兄带着自己的家人和岳父母一道去拜见父亲时，老首领认出了自己的幼子，当即羞愧而死，因为他高贵的儿子把自己的名号传给了"他幼子的平民小女儿"生的儿子。而幼子却很高兴，因为他成功地骗他的贵族长兄娶了自己的女儿，为他的孙辈争到了一个头衔。

老首领因这桩婚事而蒙受羞辱，但羞辱并不包含近亲结婚。倘若幼子没有被彻底剥夺贵族身份，传统便允许兄长与弟弟的女儿结婚，这种情况在某些家庭还相当普遍。西北海岸印第安人的贵族身份与长子继承制紧密结合，他们根本不承认我们谈及贵族身份时所想到的"高贵血统"。

对西北海岸印第安人来说，生闷气和自杀是其情感核心的自然延伸。他们知晓的唯一情感领域——从胜利到羞耻，被极度放大。胜利时毫无节制地沉溺于伟大的幻觉，羞耻则是赴死的理由。他们只晓得这一个领域，于是将之用于一切场合，哪怕毫不相干。

他们将社会提供的一切奖赏都颁发给以这种方式生活的人。一切事件，无论是同胞的行为，还是物质环境所引发的灾祸，首先且最强烈地威胁到人的自我安全，于是他们有一套确定且具体的技巧，帮助个人从打击中恢复。倘若没有这些技巧，他便只有死路一条。在他的生命观里，一切悬于膨胀的自我形象。一旦把他的自尊泡沫刺破，他便失去了一切保障，他虚妄的自我崩溃了，从此一蹶不振。

他与同胞的关系也受这种心理的主宰。他侮辱、嘲讽邻居，以维持自己的地位。他的一切努力都是为了以自己的分量"挤破"他人的伪装,"毁掉"他们的名号。夸扣特尔人甚至对他们的神也是如此。对人的最大侮辱莫过于称之为奴隶。他们祈求好天气而风向却不改变时,也以同样的方式侮辱神灵。曾有一个旅行家如此描写钦西安人(Tsiamshian):"一旦损失长久不止,甚或加重,他们便对神发怒,向神发泄怨气,在狂怒中举手望天,以足顿地,嘴里不断说'你这个大奴隶'。这是他们最恶毒的骂人话。"

在他们眼里,神灵并不仁慈。他们知道飓风、雪崩都不仁慈,且把自然界的特性加诸各位神灵。河之北端的便是这样一位神灵,他派一个女奴给他提供尸体,他的侍卫渡鸦啄食这些尸体的眼睛;他的奴仆,另一只非凡的大鸟,用喙啄开尸体的颅骨,吸食人脑。他们不期待神灵怀有善意。造独木舟的人凿出船体之后,首先要在两侧画上人面,吓跑死去的造船者,倘若不加提防,这些亡灵会使独木舟开裂。这与祖尼人的祭司截然相反。祖尼人的祭司与曾经操同一行业的前辈保持着友好关系并得到他们的辅佐。但是在西北海岸印第安人中,死去的祭司会祸害活着的同行。如前所述,从神灵得到祝福的可行方法便是杀死他们。这样做的人便获得了胜利,也就得到了超自然力。

西北海岸印第安人挑选出来并在文化中形成制度的这些人类行为,在我们的文明中被视为不正常,但这些行为与我们自己文化中的种种态度实则非常接近,我们不仅能够理解它们,而且有可借以讨论的特定词汇。自大狂倾向把不同的选择摆在我们面前。在我们的社会里，这肯定是一种危险倾向，我们给它贴上不正常和不可取的标签，这正是我们文明的选择；也有人将之推到极致，使之成为理想人类的基本特质，这便是西北海岸印第安人文化的选择。

第七章　社会的本质

祖尼、多布和夸扣特尔这三种文化不仅是行为和信仰的不同组合，而且各有目标。每种文化中的人的行为都指向他们各自的目标，他们的制度则推进了其目标的实现。他们之间的差异不仅是因为某种特质在这里存在而在那里不存在，也不是因为某种特质以不同形式出现在两个地区，更主要的是因为他们作为整体具有不同倾向。祖尼人、多布人、夸扣特尔人以不同的道路追求不同的目标，一个社会的目标和手段无法用另一个社会的目标和手段来评判，因为它们在本质上不具可比性。

当然，并非每种文化都能将其成千上万种行为塑造成平衡而有规律的模式。社会秩序与个体相似，并未使行动符合主导动机。这些行动是分散的，在某个时刻看似追求某些目标，在另一个时刻却突然偏离了先前的轨道，令人对未来的行动毫无头绪。

在一些文化中，整体性缺失非常典型，而另一些文化却表现出极度一致性。相同的环境未必在各处产生一样的结果。不列颠哥伦比亚内陆地区印第安人诸部落吸收了周边各种文明的特质。

这些部落从一个文化地区汲取了操控财富的模式，从另一个文化地区获得了宗教习俗，又从第三个文化地区获取了一些相矛盾的元素。这些部落神话中关于文化英雄的讲述来自周边三个不同地区，互不协调，形成一锅"大杂烩"。尽管这些部落对他人的制度表现得极度友好，其自身的文化却让人感到极度贫乏，没有形成文化主体。这些部落的社会组织粗陋简单，仪式比世界上任何地区都少，编篮子、串珠子的技巧也仅够从事有限的造型艺术活动。其部落行为模式随意且不协调，类似于某些不加选择地接受不同影响的个体。

不列颠哥伦比亚地区这些部落的整体性缺失看起来不仅同时呈现了从周遭不同印第安部落汲取的不同特质，而且有更深层的原因。生活的每个领域都有自己的组织，却并不涉及其他领域。青春期的教养重点是给儿童传授法术，亦即使他们学会各种技艺，并获得守护神的庇护。在西部平原地区，这种幻象习俗渗透进成年人生活的方方面面，狩猎和战争由相互关联的信仰主宰。但在不列颠哥伦比亚，获得幻象是一种有组织活动，而战争是不相干的另一种。这里的宴席和舞蹈也严格限于社交范畴，是表演者模仿动物以娱乐观众的节目，但是部落严格禁止表演者模仿有可能成为守护神的动物。宴席不带任何宗教色彩，也不用来寻求经济交换的机会。每种活动各自独立，除了本身别无他意。各种活动自成一体，其动机和目标仅限于各自的领域，绝不延伸至整个生活。整个文化也没有任何主导性的典型心理反应。

这种文化整体性的缺失往往与另一类型，即因受多种不同影响而产生的整体性缺失，不能截然分开。在有鲜明特色的不同文化活动范围的交界处，常出现后一类型的整体性缺失。这些偏远的交界地区与其文化中最具典型性的部落联系不密切，却受到了强烈的外部影响。因此这些地区的社会组织或艺术技巧常吸纳截然相反的程序。这些地区有时将不协调的东西重塑成新的和谐，产生了与其共享许多行为元素的已有文化本质不同的结果。如果我们了解这些文化的历史，也可能会看到这些不和谐的借鉴假以时日最终能达到和谐状态。事实当然也往往如此，但是从当代原始文化的断面看——这些是我们仅有的可以确凿理解的材料，许多偏远的交界地区的文化表现出明显的不协调性。

某些文化的整体性缺失则是由其他历史环境造成的。不仅偏远地区的部落文化可能不协调，而且脱离了其他同胞而在另一种文明的地域生活的部落的文化也可能如此。此时最突出的矛盾是人们受到的新影响与我们所谓原有行为之间的矛盾。一旦具有较高地位或拥有众多人口的外来部落在其迁入地造成巨大改变，该地的原住民也会面临同样的情况。

对迷失方向的文化进行近距离的理解和研究，将会特别有趣。相较于将诸多特性笼统归纳为"整体性缺失"，却对具体情况无从猜测，或许更为重要的应是理解特定冲突或轻率"拥抱"新影响的性质。即便是最迷失方向的文化，也可能为了剔除不和谐因素、较为稳固地确立所选的因素而做出调整，我们不能不考虑这种可能性。这一过程在处理多种材料时可能更为突出。

有些部落已经获得了整体性，从这些部落的既往史中能看到不和谐因素相冲突的最佳例证。夸扣特尔人并不认为我们上文所描述的是他们一贯的文明。他们在西北海岸和温哥华岛定居之前，其文化与南方的萨利什人（Salish）的文化基本相同。他们的神话、村组织和关系称谓至今与萨利什人的相同，但萨利什人倾向于个人主义，祖传特权少之又少，每个人凭自己的能力做事，他所拥有的机会实际上与其他任何人一样。他的地位取决于他的狩猎技术，或者赌博的运气，或者作为巫医或占卜师成功操控其超自然请求。他们的社会秩序与西北海岸印第安人的社会秩序有天壤之别。

然而，这种天壤之别也并没有妨碍夸扣特尔人接受外族模式。他们甚至将名字、神话、房前柱、守护神以及加入某些会社的权利都视为私有财产。但他们的制度依然有必要做调整，也正是在这些节点上，特别是在社会组织机制上，两种社会秩序的不兼容一目了然。尽管夸扣特尔人全盘接受了西北海岸印第安人的特权制度和炫财宴，却并未采取北方部落那种严格的母系家族形式，这种制度为特权的传承提供了固定的框架。北方诸部落中的个体具有与生俱来的权利，自动获得对应的贵族头衔。但夸扣特尔人的个体，如前所述，一辈子都在为获得贵族头衔讨价还价，而且可以要求获得家族中任何分支拥有的任何头衔。夸扣特尔人接纳了整个特权制度，却在特权游戏中为个体留下了自由竞争的空间，与北方诸部落的种姓制度大不相同，而是保留了从南方带来的旧习俗。

夸扣特尔人某些突出的文化特征反映了新旧结构的具体冲突。随着新习俗对财产的重视，继承的规则也有了新的重要性。内陆的萨利什人通过家庭和村落松散地组织在一起，人一旦去世，其大部分财产便被毁坏。如前文所述，夸扣特尔人并未接受北方部落严格的母系家族制度，而是做了变通，重视女婿代子嗣从岳父那里继承特权的权利。传承于是依然沿母系血统进行，却隔了一代人。每两代人中就有一代人仅托管却不能行使特权。如前文所述，一切特权都在传统的炫财宴上被行使。这种调适很少见，显然是在两种不相容的社会秩序之间得到变通。上一章描述的这种变通彻底解决了问题，在两种矛盾的社会秩序间达成了和谐统一。

由此看来，即便面对根本冲突，文化的整体性依然有可能建立起来。文化迷失的表象可能夸大了实际情况。而且，总是存在一种可能性，即迷失的是对于文化的描述而不是文化本身。这时，整体性的性质可能为我们的经验所不及，因而难以感知。我们可以靠更好的田野调查排除前一种困难，靠更准确的分析排除后一种困难。之后，我们或可更清晰地认识文化整体性的重要性。我们也必须看到一个事实，即并非所有文化都具有我们在描述祖尼文化和夸扣特尔文化时展现的那种单一结构。削足适履地将几种流行特征套在每一种文化上，实属荒唐。重要事实倘不符合中心议题便挥刀砍除，无论如何都十分危险。我们没有任何理由"肢解"主体，为我们最终理解它设立额外的障碍。

在田野工作中轻率地概括文化整体性，危害最大。在尚未掌握某种陌生文化的语言和所有行为特点之前，过分关注文化形貌也会对真正的理解造成障碍。田野工作者必须保持客观，必须逐年记录所有的相关行为，而不是根据任何新奇的假设，挑选适用于某篇论文的事实。在对本书所讨论的这几个族群做田野研究时，我们没有预设任何相关文化所展示的行为一贯类型。民族学如实记录，不强求内在一致性，这样获得的全貌才更加令学者信服。在对文化进行理论探讨时，文化整体性的生成越是教条和普适，就越空洞。我们需要详细了解行为和动机的不同限度，这些行为和动机在一个社会里是发展动力而在另一个社会里却不是，因而不必构成某个民族学学派平台的结构板块。此外，不同文化的不同利益诉求以及作为其制度基础的不同意愿，对于我们理解不同社会秩序和个体心理都不可或缺。

文化整体性与西方文明研究的关系，进而与社会学理论的关系，易遭误解。人们常说我们自己的社会就是整体性缺失的极端例证。它庞大而复杂，代际变化迅速，其中的各种因素也不可避免地缺少简单社会所具有的那种和谐。这种缺乏整合的现象被夸大了，也被人错误地解释，然而，由于一个简单的技术错误，大部分研究把整体性的缺失夸大了，而且误读了。原始社会以地理单位进行整合。西方文明却存在层级分化，同时代和同地域的不同社会群体生活标准不同，驱动他们的动机也不同。

将人类学文化区域用于现代社会学，其有效性十分有限，因为当今的不同生活方式主要不是空间分布的问题。社会学家却日益趋向在"文化区域概念"上浪费时间。也许根本不存在这一"概念"。如果不同特质依地缘组合，当然须按地缘处理。否则，将充其量可勉强算作一类的实证数据总结成理论，只能是徒劳无功。在人类学意义上，我们的文化里存在放之四海皆准的统一的世界主义文化，但也同样存在史无前例的差异，劳动阶层与富豪阶层的差异、以教会为生活中心的人群与以赛道为生活中心的人群的差异。现代社会中相对的选择自由造就了重要的志愿者群体，如扶轮社和格林尼治村，他们代表着不同的原则。文化进程的性质并未因这些现代条件而改变，但用以研究文化进程的单位不再是按地区划分的群体了。

文化整体性产生了重要的社会学结果，并对几个尚无定论的社会学和社会心理学问题产生了影响。第一个问题是关于社会是否算有机体的争论。大多数现代社会学家和社会心理学家详细论述过一种观点，即社会没有也不可能超越其全部个体心理的总和。他们在论证中猛烈抨击"群体谬误"，认为这种观点使得思维和行动成为某种神秘主体——群体——的功能。然而，研究过多种文化的人所接触的材料则明确无误地显示，个体心理的一切法则都不足以解释一些事实，于是他们经常选择在表达中使用神秘主义的语汇。他们或像涂尔干那样惊呼"不存在什么个体"，或像克鲁伯那样，用某种他称之为"超机体"（superorganic）的力量来解释文化进程。

这基本属于"打嘴仗"。一方面,所谓有机体论者并不真的认为文化中除了个体心理还存在其他层面的心理;而另一方面,即便群体谬误最激烈的批评者如弗劳德·亨利·奥尔波特(Floyd Henry Allport)也承认对群体的科学研究是必需的,"是社会学这门特殊学问的应有之义"。一些人认为必须将群体视为大于构成它的个体的总和,另一些人则不同意这种观点。争论的双方主要是处理不同种类材料的学者。涂尔干早年便熟悉多种文化,特别是澳大利亚诸部落的文化。他反复强调文化研究的必要性,但所用词汇常常含糊不清。而以我们自己的标准文化为其主要研究对象的社会学家,则企图反驳某种压根与其工作无关的方法论。

显然,祖尼人的全部个体所形成的文化超越了所有这些个体的意志和努力。群体由传统滋养,受时间限定,被称为有机整体很有道理。我们说这样一个群体会选择自己的目标,拥有特定的意图,这是我们语言中的泛灵论的必然结果;它不应作为某种神秘主义哲学的依据而被用来批评某些学者。我们倘若想要理解人类行为的历史,就必须研究这些群体现象,仅凭个体心理无法解释我们所面对的事实。

在关于社会习俗的所有研究中,关键问题是作为研究对象的行为必须穿过社会接受的"针眼",只有最广义的历史能够解释社会为何接受某种习俗以及为何排斥某种习俗。成问题的不仅是心理,还有历史,历史绝非一串通过回顾便能发现的事实。因此，从人类竞争性衍生出经济模式，从人类好斗性衍生出现代战争，对习俗如此解释，以及我们在每本杂志和现代著作中读到的一切其他现成解释，对于人类学家来说都失之空泛。威廉·哈尔斯·里弗斯[1]（Williams Halse Rivers）是最早尖锐地提出这个问题的人。他说，不要试图通过复仇理解家族世仇，而必须从家族世仇的制度理解复仇。同理，研究嫉妒必须先考虑嫉妒如何受当地性规范和财产制度的影响。

以个体行为对文化进行幼稚解读的不足，不在于这些解读是心理的，而在于这些解读忽视了历史，以及接受或排斥各种特质的历史进程。对文化做任何结构性解读都是以个体心理进行阐述，但这种解读不仅依赖心理，还依赖历史。这种解读认为，某些文化制度强调酒神型行为，因为个体心理中永远有此种可能。但酒神型行为在一些文化中受到重视而在另一些文化中不受重视，则是因为一地的历史事件促成了这种发展，而其他地方的历史事件将之排除了。在文化形式解读的不同方面，历史和心理学都是必要的，不能以一造取代另一造。

于是这就将我们带到对形态人类学产生影响的最热门争论中，即关于社会现象的生物学基础的争论。这么说就好像人的秉性在世界上相当恒定，在每个社会都有大体近似的分布，而文化根据其传统模式从中做出选择，并使绝大多数人适应其选择。按照这种解读，以迷恍体验为例，任何人群中都应有一部分个体具

---

[1] 威廉·哈尔斯·里弗斯，英国心理学家和人类学家。——译者注

有这种潜质。若是受到推崇，能得到回报，很多人便会让自己达到或假装达到这种状态。但在我们的文明中，这是一件败坏家庭名声的事，于是追求这种体验的人便会减少，而且这些个体会被视为不正常的人。

但还可能有另一种解读，有人极力主张特质并非文化选择，而是生物遗传。根据这种解读，差异由种族决定，平原地区印第安人追求幻象，因为这是通过种族染色体遗传的需求。同理，普韦布洛文化追求清醒和中庸，因为这种行为是由其种族遗传性所决定的。如果生物学解读能够成立，那么我们便需要向生理学而不是历史学寻求对群体行为的理解。

然而这种生物学解读从未获得坚实的科学基础。持此观点的人若要证明其观点，必须拿出生理学事实来解释哪怕一小部分需要理解的社会现象。不同人群的基本的新陈代谢或内分泌腺的功能可能存在很大的差异，但这类事实并不能使我们理解文化行为的差异。这不是人类学问题，但生理学家和遗传学家提供的材料可能对文化历史学家也会有价值。

然而，对于特质的遗传，生物学家将来可能提供的生理学相关性无论如何也不能解释已知的所有事实。北美印第安人从生物学角度来看属于同一种族，但其文化行为并非都属于酒神型的。祖尼人的动机处于与酒神型文化截然相反的另一端，其他普韦布洛人的文化也属于日神型文化，但同属于日神型的另一支，即霍皮人，却隶属于肖肖尼人。肖肖尼人在酒神型部落中具有广泛的代表性，其语言据说与阿兹特克语相关联。普韦布洛人的另一支——特瓦人（Tewa），其体型特征和语言都与南部平原不属于普韦布洛人的基奥瓦人（Kiowa）很接近。可见文化形貌依地域形成，与不同人群已知的关系没有相关性。同样，西部平原那些追求幻象的族群并没有生物统一性。居住在这一地区的部落分属于分布广泛的阿尔衮琴人（Algonkian）、阿塔巴斯坎人（Athabascan）和苏人（Siouan），而且各自在语言中保留着特定语族的特点。[1] 这几个人群各自包含的部落，有些以西部平原地区的方式追寻幻象，有些则不这么做。只有那些居住在西部平原地理界线之内的人才会将追寻幻象当作每个身体健全的正常男性所必备的手段。

倘若不考虑空间分布而考虑时间分布，则环境说更具必要性。生物构成并未发生可见变化的人群，其心理行为却发生了剧变。这在我们自己的文化背景中也有很多例子。欧洲文明在中世纪倾向于神秘行为，流行各种超自然现象，到了19世纪则倾向于最不假思索的唯物主义。文化倾向发生了变化，但人群的种族构成并未改变。

对行为进行文化解读无须否认其间亦有生理学因素。这样的否认是对科学解释的误会。生物学并不否认化学，但化学不足以解释生物学现象。同样，生物学家也不必因为看到他所分析的事实以化学法则为基础，便根据化学公式展开研究。科学的每个领

---

[1] 这是语言分组与生物学关系重叠的例子。

域都必须注重对所研究的情况最具解释力的法则和秩序，同时坚持其他因素的存在，尽管这些因素对于最终结果可能没有关键性的重要作用。因此，指出人类文化的生物学基础在大部分时间不具相关性，并不是否认它们的存在，而仅是强调动力来自历史因素这样一个事实。

实验心理学在对我们自己的文化进行研究时，也不得不作类似的强调。近年来关于人格特质的重要实验显示，社会因素对于诚实和领导力这样的特质也具有关键作用。一个孩子在一项实验中表现出诚实，研究者几乎完全不能因此断定他在另一项实验中是否会作弊。由此得出的结论便是无所谓诚实或不诚实，而只有造成诚实或不诚实的情境。关于领导者的研究也得出了类似的结论，我们自己的社会也没有能够作为领导力标准的统一特质。领导者的角色决定了人的发展，其品质则符合情境的需要。这些"由情境决定的"结果越来越清晰地显示，即便在经过选择的社会里，社会行为也"不单是预先指向某种特定行为模式的固定机制的表达，而是由我们面对的具体问题以不同方式激发的一系列倾向"。

这些在一个社会里为人类行为提供动力的情境一旦在两个目标和动机都截然相反的文化（如祖尼文化和夸扣特尔文化）间放大，结论也便不言而喻了。我们若是对人类行为感兴趣，就需要先理解所有社会通行的制度，因为人类行为会按照制度的暗示选取其形式，在极端情况下，有的观察者对于自己所属、浸染至深的文化也可能浑然不觉。

这些观察者只看到异族文化中行为的超常发展，却看不到自己文化中相同的情况，但这显然是一时一地的偏见。我们没有理由认为任何一种文化把握了某种永恒的理性，成为历史上解决人类问题的唯一出路，下一代总比上一代知道得更多。我们唯一的科学途径是尽可能将自己的文化视为人类文化无数形态中的一种。

任何文明的文化模式都从人类庞大的可能目标和动机中选用一部分，如前文所述，任何文化都会利用某些经过选择的物质技术或文化特质。人类一切可能行为的范围很广，且矛盾重重，因此任何一种文化都只能利用其中极小的一部分。选择于是成为第一要求，如果不加选择，文化甚至无法被人理解。选择某些意愿作为自己的意愿，这些意愿的重要性远大于该文化以同样方式选择的具体技术或婚姻礼仪。

我们仅以本章开头提及的三种文化为例，阐明不同人群选择了潜在行为的不同范畴，并在其传统制度中对之加以强调。他们所选择的目标和动机绝无可能在世界上具有最大的代表性。之所以以上文的三种文化为例，是因为我们对它们作为活文化有所了解，因而能避免在讨论再也不可能通过观察加以确认的文化时总会出现的那些疑虑。例如，我们有大量关于平原印第安人文化的信息，而且这种文化始终如一。从本土文献、旅行者记述和民族学学家收集的回忆录和留存习俗中，我们可相当清晰地看出其心理模式。然而这种文化早已式微，对之存在合理怀疑。我们很难了解实际行为与法条如何抗衡，在令其两相适应时又普遍采取哪些权宜之计。

我们讨论的这些文化形貌也并非各种特质固定组合而成的"类型"。每种文化形貌都是经验表征，很可能在世界上其他任何地方都无法完全复制。试图将一切文化归结为有限几种固定的、经过挑选的类型的表征真是最为不幸的事。如果认为类型不可或缺，且可不加区别地适用于一切文明和一切事件，那么类型就成了累赘。多布人和西北海岸印第安人都有好斗和偏执的倾向，但这些倾向与这两种文化中十分不同的特质相联系，没有什么固定的组合。祖尼人与古希腊人的日神型偏向在发展中产生了根本区别。祖尼人以克制和中庸为美德，从其文明中剔除不符合这种本质的一切。然而倘若看不到作为补偿的酒神型文化同样制度化了，就无法理解古希腊文明。"法则"并不存在，某种占主导地位的态度可能沿数条具有不同特色的道路发展。

几种非常相似的文化模式可能选择不同的情境来实现其主导目的。在现代文明中，一个商业竞争中的斗士往往同时是一个体贴的丈夫和宽容的父亲。在家庭生活中，西方文明对成功的偏执追求对家庭生活的侵袭程度远不及对商业生活的侵袭程度。围绕这两种活动的制度差异，达到了某些文化（如多布文化）无法实现的程度。多布人的婚姻生活和库拉环交易由相同的动机推动，甚至多布人耕种田园都意味着从别人的园子里偷盗山药块茎。园艺通常是不大受任何文化模式影响的日常活动，这是主导动机不向内渗透或在其中受到遏制的情境。

夸扣特尔人的生活也明显表现出行为受文化模式熏染程度的不均衡。如前文所述，每遇成年贵族死亡，夸扣特尔人便要计划如何弥补，要回击令其蒙羞的命运。而年轻父母亦需以这种方式哀悼他们的小儿女。母亲的哀歌很悲恸。所有妇女都来哭丧，母亲抱着死去的孩子哭泣。她请来雕刻匠和制偶匠，做出各种玩具摆在孩子尸体周围。一众妇女在哀哭，母亲对孩子说：

> 啊啊啊，孩子啊，你怎么能这样对我呀？你选了我做娘，我什么事都为你做了啊。看看你这些玩具，还有我给你做的这些东西。你怎么就离开我了呢？孩子呀，是我做了对不起你的事吗？你回来以后，我会改正的，孩子呀！就为我做一件事吧：到了所去之处快点好起来吧，等身体好了，快点回来呀。勿要在外耽搁呀。可怜可怜我吧，我是你娘啊，孩子呀！

她祈祷死去的孩子回来，再次通过她的身体诞生。

恋人离别时，夸扣特尔人的歌也哀婉凄恻：

> 啊，他要去远方。他要被带到那个叫纽约的美丽地方，我的亲人。
> 啊，我多想像一只可怜的小渡鸦，飞在他身旁，我的爱人。
> 啊，我多想飞在亲人身旁，我的爱人。

啊，我多想躺在亲人身旁，我那让我爱得心疼的人。

对亲人的爱让我的身体死去，我的主。

那让我活着的人用他的话语杀死了我的身体，我的亲人。

他说两年里他不会看向我，我的爱人。

啊，我多想变成羽床让你躺在我身上，我的亲人。

啊，我多想变成软枕让你的头依靠，我的亲人。

再见了！我落寞消沉。我为爱哭泣。

然而，即便在夸扣特尔人的这些歌谣里，受苦人的哀伤也透出些许羞耻的意味，情绪因此转为尖刻的嘲讽和试图摆平的愿望。失恋的姑娘和小伙的歌则与我们自己文化中那些熟悉的表达相差不远：

啊，我心爱的姑娘，如何才能让你知道我的思念之情，

  我对你言行的感受，我心爱的姑娘？

它成了笑柄，我心爱的姑娘，它成了笑柄，

  你的言行，我心爱的姑娘。

它令人鄙夷，我心爱的姑娘，它令人鄙夷，

  你的言行，我心爱的姑娘。

永别了，我心爱的姑娘，永别了，爱人，

  因为你的言行，我心爱的姑娘。

或者：

> 她假装冷漠，假装不爱我，我的真爱，我的亲人。
> 我的亲人，你走得太远，毁了自己的好名声，我的亲人。
> 朋友们，不要再听那些人的情歌，他们已经走远。
> 朋友们，我再找个真爱也挺好，一个亲爱的人。
> 当我向新爱人放声歌唱，愿她听见我的情歌，我亲爱的人。

显然，哀伤极易化为羞耻，但在有限的几种情境下，也允许表达哀伤。夸扣特尔人在私密的家庭生活中也有机会表达温情，并且轻松愉快地给予和获得。他们并非在生活中的一切场合都必须以同等程度表现出最典型的动机。

不论是西方文明还是夸扣特尔人的生活，并非每个方面都必须同等地服从在现代生活中显得如此重要的权力意志。然而在多布人和祖尼人的生活中，却不易看到哪些方面受其文化形貌影响较少。这或许是由其文化模式的性质所致，或许是缘于追求一致性的风气，目前尚难下定论。

在理解文化整合时，必须考虑一个社会学事实，即传播的重要性。人类学已有大量研究探索人类的模仿天性。人类学家发现的最惊人事实包括各种特质在原始地区的传播范围。服装、技术、仪式、神话、婚姻中的经济交换，这些特质遍布各大洲，同一大洲的每个部落常常以某种形式具备这些特质。不过，这些广袤区域的某些地区在原始材料上留下了独特的目标和动机。普韦布洛人使用农耕方法、魔法手段,以及在北美很多地区广泛流行的神话。日神型文化在另一个大陆肯定会使用其他的原始材料。两个大陆上的两种文化将各自获得的原始材料朝着同一个方向修正,却获得不同的特质。因此,不同地区相似的文化形貌肯定拥有不同的内容。通过比较普韦布洛文化和以不同方式使用相同元素的其他北美印第安人文化,我们便能了解普韦布洛文化的发展方向。同样,我们将希腊文明放在地中海东岸诸文化的环境下进行研究,便能最好地理解古希腊人对日神型文化的偏重。任何对文化整合进程的清晰理解都必须以掌握文化传播的实际情况为起点。

另外,一旦了解了这些文化整合的进程,我们对广泛分布的特质的本质便有了十分不同的理解。以往的专题研究,不论是关于婚姻还是成年礼,或是宗教,都认为每种特质是一个专门的行为领域,并从中产生各自的动机。爱德华·亚历山大·韦斯特马克[1](Westermarck)将婚姻视为性偏好,而对成年礼的常见解读则将其视为青春期躁动的结果。于是其中无数的修正也都属于同一系列的事实,仅反映某种暗藏于一般情境中的冲动或需求的变化。

但文化很少以这种简单方式应对其重大场合。这些场合,不论是婚姻、死亡还是召唤超自然力,都是每个社会借以表达其典型目的的情境。在社会中占主导地位的动机并非存在于某个经过选择的情境,而是通过该文化的普遍特征给社会打下烙印。婚姻

---

[1] 爱德华·亚历山大·韦斯特马克,芬兰哲学家和人类学家。——译者注

可能与求偶偏好无关，求偶偏好却以其他方式得以体现。积攒妻子可能就是积攒财富的通行方式。经济行为可能与满足衣食需求的最初功能相去甚远，所有农业技术都是为了展示堆积如山的财富，其产出远远超出人们对食物供应的需求，他们为了炫耀而任其腐烂。

我们选择描述的这三种文化一再清晰地表明，仅从场合本身的性质难以理解哪怕相对简单的文化反应。就其场合而言，哀悼是表达丧亲的悲哀或解脱。然而上述三种文化无一在其哀悼制度中包含这类反应。普韦布洛人的哀悼仪式将亲人的死亡视为重大的紧急状态，需要社会动员各种力量消除不适，这算最为接近哀悼的本意了。尽管悲哀在他们的程序里几乎没有制度化，但他们认为丧亲的情境是一种紧急状态，需要尽力消除。而夸扣特尔人的哀悼制度则是文化偏执的特殊例子，不论丧亲者是否真的感到悲哀，都认为死去的亲人给他们带来了耻辱，因此要振作起来，进行报复。多布人的哀悼制度大同小异，但这些制度主要是对死者配偶的血亲复仇，因为配偶应对死者的死亡负主要责任。换言之，哀悼制度与无数场合一样，多布人将之解读为背叛，而他们的处理方式则是找一个可以惩罚的归罪者。

从环境或生命周期中任选一个场合，通过它达到基本无关的目的，这对传统来说超乎寻常的简单。事件的具体特性可能根本无关紧要，一个孩子死于腮腺炎，这可能导致一个完全不相干的人被杀害。或者，一个女孩的月经初潮可能导致对整个部落的全部财产进行重新分配。哀悼、婚姻、成年礼或经济活动并不是人类行为的特别活动，它们各有决定前史和未来的普遍驱动力和动机，它们不过是各个社会用以表达其重要文化意图的特定场合。

由此看来，重要的社会学单位不是制度，而是文化形貌。我们需要打破所谓家庭研究、原始经济研究或道德观念研究，而突出一次次主导这些特质的不同文化形貌。倘若单独研究家庭，或者仅从婚姻的情境看待夸扣特尔人的婚姻行为，我们便永远无法看清夸扣特尔人生活的独特性质。同样，我们自己文明中的婚姻也绝非仅凭求偶和家庭生活的不同方式便能说清。如果看不到我们文明中大部分男性的最高目标是积累私有财产并增加展示其财产的机会，我们也同样无法理解妻子在现代社会中的位置，以及嫉妒这种情感在现代社会中的表现。我们对孩子的态度同样印证了这一文化目标，我们的孩子并非单独的个体，他们不像在某些原始社会那样，其作为人的权利和品位自婴儿时期起就得到尊重，自由发展。我们的孩子和我们的财产一样，意味着特殊责任，我们根据需要屈从于他们或炫耀他们。他们从本质上是我们自我的延伸，而且给了我们一个展示权威的特殊机会。我们不假思索地认为亲子情境本来如此，其实不然，这是由我们文化中的主要驱动力施加，而且仅仅是我们遵循传统观念的众多场合之一。

随着文化意识的增强，我们将有能力分辨哪些是某种情境共通的微小核心，哪些是地区、文化和人为的巨量累加。尽管这些累加并非各种情境不可避免的后果，但这并不意味着它们较易改变，或者在我们的行为里不太重要。其实要改变它们可不像我们以为的那样简单。例如，仅靠母亲在育儿细节上的改变可能无法让神经质的孩子走出困境。她的每一次接触都会强化这种困境，而且这种状况还会越过母亲延伸到学校、事业、配偶等领域。摆在这个孩子面前的整个生活道路都在强调敌对和占有。他的唯一出路或许只有靠运气或者离开。总之，淡化亲子关系的内在问题，强化西方人行为中自我发展或利用人际关系的形式，或可成为解决之道。

社会价值观问题与不同文化模式的形成密切相关。对社会价值观的研究往往满足于给人类的某些特质贴上有益的标签，并指出与这些美德相关的社会目标。有人说，在人际关系中利用他人和过度关注自己的需求当然是恶，而一心一意参加集体活动当然是善；不以虐人和自虐的方式获得满足，待人宽容，这都是好性情。然而，以这种"善"为标准的社会，如祖尼人的社会，远非理想社会，而同样表现出美德的不足。我们一向推崇的性情，如意志力强或个人主动性强，或坚强面对重重困难的性情，却不见容于祖尼人的社会。这个社会温和得无以复加。祖尼人终生为之忙碌的集体活动与人的生命无关，与生、爱、死、成功、失败和名望无关，他们将各种目的付诸盛大仪式，尽可能灭除其他人欲。一方面，他们没有任何形式的社会剥削或社会虐待；但另一方面，这些无休止的繁文缛节根本不以满足人类生存的重要需求为目的。有高便有低，有左必有右，这是自古以来不可逃避的事实。

社会价值观这个错综复杂的问题在夸扣特尔文化里却例外地清晰。夸扣特尔人的制度赖以为继的主要动机与现代社会的主要动机非常相似，即对抗的动机。对抗是一种斗争，它不以活动的真实目标为核心，其核心就是战胜对手。人们关心的不再是养家，也不是拥有能使用或玩赏的财物，而是在邻居中出类拔萃，财产超过其他人。他们的眼里只有获胜这个伟大目标，除此之外，别无他物。和竞争不同，对抗不只锁定在初始活动。不论是编篮子还是卖鞋，都只是人为制造的情境，是一场显示自己胜过别人的比赛。

我们都知道，对抗纯属浪费，在人类价值观阶梯上处于下层。对抗是一种暴政，一旦在某种文化中受到鼓励，便无人能够摆脱。求胜的意愿压倒一切，且永远无法被满足，对抗永无休止。社会积累的财富越多，人们游戏的筹码就越大，但胜利依旧遥遥无期，与赌注小的时候并无差异。这种对抗在夸扣特尔人的制度中达到了极度荒唐的地步，投资竟然等同于整批损毁财物。夸扣特尔人主要通过积累财物争胜斗勇，但也常常通过打碎最贵重的价值单位，即他们的铜板，或将他们房屋的木板、毯子和独木舟付之一炬与他人对抗，而浑然不觉积攒与毁坏的区别。社会性浪费显而易见，不亚于《米德尔敦》（*Middletown*）中描写的那种执拗的对抗，每个家庭盖房、置衣、娱乐，只为证明自己没有被淘汰出局。

这是一幅丑恶的图景。夸扣特尔人在生活中将对抗推到了极致，每一次成功必须以毁灭对手为基础。《米德尔敦》则体现个体选择和直接满足几乎消失殆尽，从众压倒了人类一切其他乐趣。在这两例个案里，对财富的追求和珍视显然都不是因为它能直接满足人的需求，而是被用作与对手对抗的筹码。一旦取胜的意愿被从经济生活中剔除，像祖尼人那样，财富的分配和消费将遵循完全不同的"法则"。

然而，夸扣特尔人的社会和美国拓荒生活中粗犷的个人主义表明，追求胜利可能向人类社会注入活力和渴望。夸扣特尔人的生活自有其独特的丰富和力量。它为选定的目标搭配上相应的美德，其文化中的社会价值观甚至比祖尼人的更为纠结混杂。一个社会一旦将任何一种社会取向积极树立为楷模，便会发展出与选定目标自然相配的特定美德。不过，即便最好的社会也不可能在一种社会秩序中强调人类生活珍视的一切美德。倘若将乌托邦设定为完美的理想社会，人类生活在其中无瑕地绽放，则我们永远无法抵达乌托邦，这样的乌托邦只能是纯粹的白日梦。社会秩序的真实改善需靠更低调却更困难的选择。我们有可能对不同制度追根究底，将社会要付出的成本分解为社会资本和制度激发的不良行为的特质，以及人的痛苦和挫败。一个社会倘若愿意为它选择并认为适宜的特质付出这些成本，就会在其模式中培养特定的价值观，不论这个模式有多"坏"。但是它也面临巨大的风险，而且这种社会秩序有可能承受不起这样的付出，被这些价值观压垮，从而导致徒劳无功的革命，以及经济、情感的灾难。在现代社会中，这是这一代人必须面对的最紧迫的问题，那些深陷其中无法自拔的人常常幻想通过经济重组将世界带入一个他们幻想出来的乌托邦，忘记了任何社会秩序都无法将美德与缺陷分开。世上并无通往真正乌托邦的康庄大道。

然而，一旦我们的文化意识提高，我们或能接受一种艰苦的训练，培养自己对本文明的主导特质做出判断的能力。更难的事是在必要时降低对这些特质的欣赏。它们于我们如同心爱的老宅一般亲切熟悉。不具备这些特质的世界总令我们感到阴郁、沉闷且无根基，可这些特质在基本文化进程的作用下，往往被推向极端，承担力所不及的功能，结果是这些特质比其他任何特质都更可能失控。我们在最需要批评的地方却最缺乏批判性。修正终究要来，却是以革命或秩序崩溃的方式。有序发展的可能性彻底遭到遮蔽，因为这一代人无法对过度膨胀的制度做任何评判。他们无法衡量其损益，因为他们失去了客观看待这些制度的能力，这种情境只有发展到崩溃才有可能得到释放。

迄今为止，我们只能对自己那些早已不再发挥作用的主导特质进行评判。当我们能够客观讨论宗教时，宗教已不再是我们的文明关切至深的文化特质。今天我们终于能够自由地对宗教中的任何问题做比较研究，但我们尚不能自由地探讨资本主义。在战争期间，战争和国际关系问题也同样成为禁忌。可是我们的文明的主导特质需要特别深入细致的探究，我们需要认识到它们具有强制性，且其强制性与它们在人类行为中的基础性和必需性并不成正比，而是与它们在我们自己文化中的地域性和过度膨胀的程度成正比。多布人视为基本人性的生活方式，在我们眼里完全是背弃，我们拒之如洪水猛兽。同样，夸扣特尔人眼中的生活只能是一个接一个的对抗情境，成功的标准便是羞辱同胞。他们信念的基础是这些生活方式在其文明中的重要性，但一种制度在一个文化中的重要性并不能直接显示其有用性或必然性。而我们可能施加的任何文化控制，都取决于我们在何种程度上能客观评价我们西方文明所偏爱并积极培养的那些特质。

第八章　个体与文化模式

我们迄今探讨的大型团体行为其实是众多个体的行为。这是每个人有多重面目的世界，是他必须在其中创造自己生活的世界。将任何文明浓缩在几十页的篇幅里加以描述，必须突出群体标准，同时描述个体行为，将其作为相关文化动机的范例。兹事体的重要性毋庸置疑，除非误认为这种重要性意味着用无边的人海淹没个体。

社会角色与个体角色之间并无真正的对立，这种二元论观点出现在19世纪，它导致的错误观念最易将人引入歧途，如将社会所排斥的统统加诸个体，将个体所排斥的统统加诸社会。自由的哲学和无为而治（laissez faire）的政治信条、使王朝倾覆的革命，均以这种二元论为基础。人类学理论中围绕文化模式重要还是个体重要的争论，只不过是对社会本质的这种根本认识泛起的一道小小"涟漪"。

在现实中，社会与个体并不对立。文化为个体的生活提供原始材料，生活在粗陋文化中的个体举步维艰，而丰富的文化则令个体有可能抓住机会。文明中丰富的传统积淀有利于每个人的每种个人利益。对音乐的最大敏感只能在其传统的知识和标准中发挥作用。这种敏感性可能丰富传统，因此或对传统非常重要，但敏感的养成取决于该文化中有多少乐器和音乐理论。同理，美拉尼西亚部落将其明察秋毫的分辨力用于魔法—宗教领域难以觉察的分界。将潜在的东西变为现实不仅需要靠科学方法，还需要文化充分发展出必要的概念和工具。

普通大众依然认为社会与个体必然对立，这在很大程度上是因为我们的文明尤其重视社会的规范性活动。我们认为，社会等同于法律对我们的种种限制。法律规定我们以什么样的时速开车，倘若这样的限制被取消，我们便多一点自由。一旦将社会与个体间存在根本对立的基础放大到哲学和政治观念的层面，就会发现这种观点实属无知。社会的规范性只是偶然存在，且仅存在于某些情境，法律也不等于社会秩序。在简单的同质文化中，有了集体习惯或习俗可能就不需要正式法律机构了。美洲印第安人有时会说："过去人们根本不会为了狩猎场或捕鱼区而打架。那时没有法律，所以人人都做正确的事情。"字里行间透露的信息说明他们过去不用服从外部强加的社会控制，甚至在我们的文明中，法律也向来不过是一种粗陋的社会工具，因其颟顸而常须受到遏制。永远不要误以为法律等同于社会秩序。

本书所论完整意义上的社会绝不能与构成社会的个体相分离。个体如果不参与文化活动，甚至无法在最低限度内发挥其天赋。反之，文明中的任何元素说到底都是个体的贡献。离开了某男或者某女或者某个孩子的行为，特质又何以形成呢？

我们常认为强调文化行为就是否认个体的自主性，这在很大程度上是由于我们长期接受社会与个体相对立的观点。威廉·格雷厄姆·萨姆纳[1]（William Graham Sumner）的《民俗论》（*Folkways*）引发了批评，人们认为他的解读对个体的范畴和能动性过于局限。人们常认为人类学是一门绝望的学问，它令人性善的幻觉无以为继。可是凡经历过其他文化的人类学家无一认为个体只是原子，机械地执行其文化的指令。迄今观察到的文化无一能抹杀构成该文化的个人具有不同的性情，给予和获取永远同时存在。厘清个体问题不能靠强调文化与个体的对立，而要多看二者的相辅相成。二者关系密切，如果不特别考虑文化模式与个体心理的关系，对前者的探讨也就无法展开。

如前所述，任何社会都从人类全部可能行为中选取部分，一旦社会获得整体性，其制度便会凸显它所选择的那一部分行为，禁止相反的表达。然而这些相反的表达往往与一部分文化承载者相宜。我们在上文中已探讨了为什么这种选择主要是文化的而非生物性的。因此，我们没有理由认为任何文化中全体人的全部相宜反应都能得到其制度的同等支持，甚至不能在理论上如此假设。我们不仅需将个体的生命史和他的天赋联系在一起，以偶然选择的规则为衡量标准，也有必要将其相宜反应与其文化制度所

---

[1] 威廉·格雷厄姆·萨姆纳，美国社会学奠基人之一。——译者注

挑选的行为联系在一起。

如前所述，生于任何文化的绝大部分个体，不论其文化制度具有何种特性，总是采取该社会的主导行为。文化承载者总认为这是由于他们的特有制度反映了终极而普遍的理智，而实际的原因大异于此。大部分人天生具有极大的可塑性，于是为其文化所塑造。他们顺应了生于其中的社会对他们的形塑，无论是要求他们狂妄自大，如西北海岸印第安人，还是要求他们积累大量财富，如我们自己的文明。在任何情况下，大多数个体会不假思索地顺应摆在他们面前的形状。

然而并不是所有人都同等地感到这种形状适合他们，那些自身潜力与社会选择的行为类型最接近的人，属于有幸受到青睐的那一拨。一旦陷入逆境便自然竭力尽快回避的人，在普韦布洛文化中如鱼得水。如前所述，西南地区普韦布洛人的制度竭力消除可能产生严重挫败感的情境，如果无法避免，例如死亡，则提供迅速忘却该情境的手段。

而西北海岸印第安文化则为那些视挫败为羞辱、第一个念头便是赶快摆平的人提供了充分支持。他们可将本文化提供的反应用于各种情境，不论是断了桨、翻了船，还是失去亲人。他们经过生闷气的第一反应后，便奋起反击，用财产或武器"战斗"。能够通过羞辱他人平息绝望情绪的人在这个社会里自由无碍、毫不违和，因为他们的天性已在深层与他们的文化合流。第一冲动是选一位受害人，通过惩罚程序转嫁自己不幸的多布人，也同样幸运。

我们所选择的三种文化，碰巧都没有以在哪里跌倒就在哪里爬起来的现实态度应对困境。在面对死亡时，这种态度可能根本行不通。但仍有许多文化制度绝不退让。某些抵偿的方式令我们厌恶，但这只能更清晰地说明，如果某种文化放任这类应对挫折的行为，那个社会的制度便会将之推到超乎寻常的地步。因纽特人如果杀了人，受害人的家庭可能让杀人者到家里来顶替受害人，如杀人者便要给因他的行为而守寡的女人做丈夫。这便是只重抵偿，不顾其余，而我们看重的恰是其余。但倘若传统选择的目标就是只重抵偿，不顾其余也就理所当然了。

哀悼场合的抵偿也可能与西方文明的标准并不十分抵牾。大湖区以南中部阿尔衮琴印第安人中的一部分人所遵循的常见程序是收养。家里的孩子死了，家人便找一个相仿的孩子来代替其位置。而所谓"相仿"可以由各种方式决定，常见方式是搞一次袭击，抓个俘虏当作家庭正式成员，把死去的孩子曾经享受的一切特权和温情转移给他。另一种常见方式是找这孩子最亲近的玩伴来代替他，或者从另一个相关驻地找一个身高和外貌与死去的孩子相近的孩子。倘若谁家的孩子被选中，那家应该高兴，在大多数情况下，这件事也的确不像在我们制度中那般重大。被选中的孩子已经认了多位"母亲"，是许多家庭的成员。他（她）再认一次亲，也不过是又多了一处可以完全当作家的地方。在丧子的父母看来，问题解决了，事情已经完全回到了他们的孩子去世之前的状态。

这些文化中的人主要是悲于情境而非悲于失去某人，其文化为他们提供的应对手段超出了我们制度下的想象。我们承认这种行为可能带来的安慰，却不会轻易把它与之前的损失联系在一起，也不会把它当作哀悼手段，通过这种方式获得满足的个体在这种艰难的危机中也就得不到任何支持。

面对挫败还有另一种可能的态度，与普韦布洛人的态度截然相反，但我们在论述平原印第安人的其他酒神型反应时，曾经提及这种态度。这种态度不是以最低的不适让挫败经历赶快过去，而是通过毫无节制的哀恸寻求解脱。平原印第安人推崇无度的放纵，将暴烈的情感表达视为理所当然。

在任何群体中我们都会看到某些个体更倾向于对挫败和悲哀做出不同反应：无视它，通过无节制的表达纵容它，摆平、惩罚一个受害者，试图通过抵偿恢复如初。我们社会的精神病学记录将这些冲动中的一部分视为不好的应对方式，而另一些则是好的。据说不好的应对方式会把人引向不适应和疯狂，而好的应对方式则具有充分的社会效应。但是，显然，任何一种"不好的"倾向与不正常并没有任何绝对意义上的相关性。逃避悲痛、不惜代价忘却欲望，在一个如普韦布洛人那样以制度对之进行规划并获得每种群体态度支持的社会里，不会导致心理失常的行为。普韦布洛人不是一个神经质的族群，其文化给人以重视心理健康的印象。夸扣特尔人表现得如此强烈的偏执态度，从我们文明的精神病学理论看，有百"害"而无一利，这样的态度以不同方式导致人格分裂。然而在夸扣特尔人中，恰是最倾向于这种最无拘无束表达的个体，才能成为其社会的领导者并在其文化中获得最大的个人成就。

显然，个人并不是遵从某些动机并避免其他动机而与其社会充分适应，而是正好相反。个人偏好的反应与其社会特有行为最接近的人，最受社会青睐；个人偏好的反应落入其文化不推崇的行为范围的人，则与其社会格格不入。所谓不正常的人就是那些得不到其文化制度支持的人。他们属于例外，没有顺利地套入其文化的传统形式。

对有效的比较精神病学而言，这些未能充分适应其文化因而陷入错乱的人最为重要。精神病学问题常引发困扰，因为人们一上来就列举一串症状，而不是研究那些典型反应在社会中被认为无效的人。

我们所描述的这些部落，均有些与其文化格格不入的"不正常"个体。多布人眼中"完全错乱"的人就是天性友善、认为活动本身就是目的的人。这样的人生性快乐，不打算胜过自己的同胞，也不想惩罚他们。他有求必应，乐此不疲。他不像同胞那样怀着黑暗的恐惧，也不像同胞那样一丝不苟地避免当众对关系亲密的女性——如妻子或姐妹——简单地表示友好。他常在公开场合戏谑地拍拍她们。其他多布人认为这是丑行，可他认为自己只是有点犯傻。村里其他人对他相当友好，不占他便宜，也不要弃他，但在他们眼里，他肯定不能参与竞赛。

与"多布的傻子"相宜的行为是我们自己的文明在某些时期的完美典型。在某些行业中，他们的这些行为至今为大部分西方社会所接受，倘若女性如此行事，至今在我们的习俗中得到充分认可，在家庭和社会中都获得赞誉。但是这些多布人不能为多布文化所接受，其原因并不是他们认为适宜的具体反应，而是这些反应与文化模式之间的鸿沟。

大部分民族志学家有过类似的经历，他们发现在一个社会遭到蔑视、排斥的人，如果换一种文化便不会处于同样的境地。罗伯特·H.路威（Robert H. Lowie）认识一位平原地区克劳印第安男性，他对自己的文化形式具有超人一等的知识。他愿意联系不同的方面，客观地思考问题。他对家族谱系感兴趣，这种兴趣是我们了解历史关键点的无价之宝。同时他还是克劳人生活的理想阐释者。可是这些特质在克劳人中并不是通向荣耀的口令。他在面对危险时，身体会明显地退缩，而克劳人部落推崇的美德是争强好胜。为了获得认可，他竟伪造战功，结果只是雪上加霜。有人证明他并未如他自己所说从敌方的拴马桩上偷得一匹马。伪造战功在克劳人眼里罪大恶极，人们提到他，总说他是个不负责任、一无所长的人。

我们的文明以类似的态度对待不把个人财富视为至关重要的人。我们社会的无业游民中就总有这样一些人，对他们来说，积累财富不构成充分动机。这些人一旦成为无业游民，公共舆论便视之为潜在的恶人，他们被猛然推入反社会境地，也的确容易变为恶人。然而，倘若这些人能够发挥其艺术气质，成为小艺术家流浪群体的一员，公共舆论则认为他们并不邪恶，而是愚蠢，但无论如何他们都无法从社会获得支持，充分表达自我对他们来说是可望而不可即的事。

这类个体摆脱困境的最佳途径便是扼杀自己最强烈的自然冲动，接受文化所推崇的角色。倘若他不能放弃社会认可，通常就只剩这一条出路了。有一位最出类拔萃的祖尼人便接受了这样的要求。他所处的社会彻底不相信任何形式的权威，他却天生拥有极具魅力的人格，在任何群体中都鹤立鸡群。他所处的社会推崇克制和随遇而安，他却如疾风骤雨，遇事雷厉风行。他所处的社会颂扬温顺而"健谈"（友好地唠叨）的性格，他却常出言不逊，高高在上。祖尼人对有这种性格的人的唯一反应便是给他们贴上巫师的标签。据说曾有人看见他从窗外窥探屋内，这就坐实了巫师之说。不管怎么说，有一天他喝醉了，吹牛说自己刀枪不入。人们把他带到战争祭司面前，祭司们拴住他双手的拇指，把他吊在房椽上，逼他承认自己行巫术。这是巫术指控的通行程序。可是，这位能人派人去找政府军，当政府军赶到时，他的双肩已落下终身残疾，执法的官员也没有别的办法，便以重罪监禁了那几位战争祭司，其中一位可能是祖尼近期历史上威望最高、最为重要的人物，他从政府监狱刑满释放后，自认为法力已破，再也没有重操祭司的旧业。这样一场复仇在祖尼历史上恐怕绝无仅有，这当然是对祭司这种职业的挑战，而这位巫师以其行为公然站在了祭司的对立面。

然而，此次抗争之后的40年里，他的生活道路却是我们难以预料的。巫师不会因为受责罚便在信仰群体中失去身份，他的成功之路就是由这样的活动所铺就。他对语言的记忆力超群，而且歌声美妙。他掌握的神话故事、神秘仪式、宗教歌谣多得令人难以置信。在他去世之前，人们据他口授记录了数百页故事和仪式诗歌，而他说他还会唱更多歌谣。他成为仪式生活中不可或缺的人物，并且当上了祖尼人的统治者，直到离世。他的天性让他与社会发生了不可调和的矛盾，而他借助偶然获得的天赋走出了困境。可想而知，他不是个幸福的人。作为祖尼人的统治者、信仰群体中的首要人物、社会名人，他常为死亡所困扰。在一群温和、快乐的人里，他是受骗者。

倘若他生活在平原印第安人中，他们的每一种制度都与他的天性相宜，不难想象他可能过上的生活。个人权威、火暴脾气、刻薄的话语都将在他为自己选定的职业中对他有利。以他这样的天性，作为成功的祭司和祖尼人的统治者，必然伴随不幸，但倘若他成为切延内人（Cheyenne）的战争首领，则一切不幸都将烟消云散。导致不幸的不是他与生俱来的那些特质，而是他所在文化的标准，他的本能反应在那种文化中找不到出口。

我们迄今探讨的这些个体无论怎么说都没有精神疾患。这些案例表明个体的适宜驱动力倘若得不到其文化制度支持，个体将处于何种困境；倘若相关行为被社会认为绝对不正常，这种困境便具有了精神病学意义。西方文明倾向于将同性恋视为不正常，甚至仅有轻微的同性恋倾向的人也不正常。对同性恋的临床描述侧重强调这种倾向会引发神经症和精神病，也几乎同等突出同性恋者及其行为无益于社会。然而我们如果看一看其他文化，就会知道并非天下的同性恋者全都无益。他们也并不总是百无一用。某些社会甚至认为他们特别优秀。柏拉图的《理想国》（Republic）当然最令人信服地宣示了同性恋者的崇高地位。柏拉图认为同性恋是通往美好生活的重要途径，那一时期的古希腊习俗接受了他对此种反应所做的高度道德评价。

美洲印第安人没有像柏拉图那样将同性恋上升到道德高度加以称颂，但他们常认为同性恋者具有超常的能力。法国人所谓的"勃大琪"（berdache）[1] 制度普遍存在于北美各地。这些男扮女装者在青春期或之后便穿女装，从事女性职业。他们有时会与其他男性结婚并共同生活。有时他们就是男性，并无性别错位，只是因为性能力弱，因而选择此道以免遭女性讥笑。北美的勃大琪并未像西伯利亚类似的男扮女装者那样被认为具有一流的超自然力，但他们在女性行业中名列前茅，擅长医治某些疾病，在某些部落里充当了亲切的社会活动组织者。尽管他们为社会所接

---

[1] berdache 指美洲印第安人中穿异性服装并接受异性角色的男同性恋者。这个词来源于法文中的 bardache，其词源可追溯到古伊朗语 *varta-（战俘，囚徒）。——译者注

受，但通常依然不免尴尬。明知对方是男性，祖尼人将这类人葬在墓地男性死者一侧，却要以"她"相称，总让人觉得有点滑稽。但他们在社会中有自己的位置。大部分部落看重一个事实，即男性从事女性职业，体力和主动性皆超出一般，因此成为女性职业的领先者，同类财产的积累也多于女性。祖尼人上一代最有名的男扮女装者名叫韦华（We-Wha），据他的朋友斯蒂文森太太说，他"不论脑力还是体力在祖尼人中当然都是最强的"。他对仪式有超强的记忆力，于是成为仪式上的重要人物，他的体力和智慧使他在各种手艺中遥遥领先。

祖尼人中的男扮女装者也并不全是强壮、自立的人物。有些人以此为自我保护的手段，掩盖他们在男性活动中的能力不足。有个人是傻子，还有个人几乎还是孩子，身材娇小如姑娘。显然，祖尼人成为勃大琪的原因有好几种，但不论出于什么原因而选择穿女装面世的人，有与其他任何人同等的机会作为有用的一员自立于社会。他们的行为反应得到社会的认可。他们倘若天生有能力，那么可以闯出一片天地；他们倘若天生孱弱，那么使他们一事无成的根源是其性格上的弱点，而不是性别错位。

印第安人的勃大琪风俗在平原地区最为盛行。达科他州有句老话，"攒下的细软堪比勃大琪"，这是对女性在家里积攒下的财产最典型的称赞。勃大琪左右逢源，在女性技术上出类拔萃，也能以狩猎这样的男性活动养家，因而成为一方首富。一旦仪式上需用细小珠子或者熟皮制品，勃大琪的产品最受欢迎。因此他们对于社会的贡献比其他人的更受重视。达科他州的勃大琪与祖尼人的勃大琪一样，社会对他们的态度总是模棱两可，因公认的矛盾而显得有些别扭。然而，社会的严厉批评并不是落在勃大琪身上，而是落在与他们共同生活的男性身上。人们认为后者是软弱的人，逃避了文化认可的目标，选择了一张舒适的软床。他对家庭没有贡献，这个家庭完全是通过勃大琪一个人的努力而成为社会的楷模。这样的评判并非根据性取向，他完全是根据经济取向而遭淘汰。

然而，一旦同性恋行为被视为反常，同性恋者就立刻陷入一切违反常规的人都无法逃避的各种冲突中。社会传统给他们带来恶名，他随之堕入内疚、无用感和失败之中。得不到社会标准支持的人很难过上满意的生活。社会要求他们做出的改变足以使任何人感到生无可恋，而我们将这种冲突的后果归咎于他们的同性恋取向。

迷恍在我们的社会里也被视为与同性恋类似的反常行为。甚至轻微的神秘主义倾向在西方文明中都被视为不正常。我们只能通过变态者的病历研究我们社会群体中的迷恍或强直性昏厥。于是，迷恍体验与神经症和精神病产生关联看起来一点没错。其实这与同性恋一样，也仅仅是20世纪的地区特征。即便在我们自己的文化背景下，不同时代也有不同结果。中世纪，天主教以神秘体验为圣人的标记，迷恍体验备受推崇，与这种反应相宜的人非但不会被灾难压垮，反而在其职业追求中备受信赖。迷恍体验不是疯癫的标记，而是雄心的印证。由此看来，容易进入迷恍状态的人，成败皆源于这种天赋。不过，一旦迷恍体验受到推崇，伟大的领袖人物就十之八九具有这种能力。

在原始民族中，迷恍和强直性昏厥都是最高的体验。在加利福尼亚州的一些印第安人部落中，唯有经历过特定迷恍体验的人才能获得特权。这些部落并不都认为这是女性独有的福分，但沙斯塔人（Shasta）的确有这样的传统。他们的萨满都是女性，她们在社会上拥有至高无上的特权，并且正是凭借天生的迷恍倾向及相关表现才成为优选之人。某天，一位受此天命的女性在照常劳作时突然跌倒在地。她听见一个声音以最急迫的语调对她说话。她一扭头便看见一个手持弓箭的男人，男人命令她以歌声诉说他的箭穿透她心脏的痛苦，但是这种体验过于强烈，她便失去了知觉，僵硬地躺在地上，几乎没有呼吸。她的家人围拢过来，家里人知道她已经有一段时间老是梦见一个特别的人，这是萨满的召唤。她还梦见被灰熊追赶而逃脱，从悬崖或树上坠落，或者被成群的黄蜂包围。于是，村里人都知道将要发生什么事了。过了几个小时，这位妇人轻轻地哼了一声，从地上一骨碌爬起来，身体开始剧烈地颤抖。人们认为她在遵照神灵的命令，重复她在迷恍状态下神灵教给她的歌谣。她渐渐转复，嘴里的呻吟越来越清晰，的确是神灵的歌谣。最后，她呼唤了神灵的名字，立刻有鲜血从她嘴里涌出。

这位妇人首次与神灵遭遇并苏醒后，于当晚跳了她的第一支萨满入职舞蹈。她将从天花板垂下的绳子捆在自己身上，接连舞了三晚。到第三晚，她就要用自己的身体接纳来自神灵的力量。她不停地舞动，一旦感觉到神力进入，她便高呼："他将射向我，他将射向我。"她的朋友们就站在她身旁，等她因发作强直性昏厥而站不稳的时候，他们便要在她跌倒之前用力抓住她，不然她会死去。此后，她的神力就通过她的身体变成可见的实物，那是一种冰柱般的东西，在她随后的舞蹈中从身体的一个部位长出，让众人看见，又从另一个部位缩回。此后，她会不断展示自己的神力，人们每遇生死攸关的急事都会将她召去，或治疗，或占卜，或咨询。换言之，经历这套程序之后，她就成了具有伟力和重要地位的女性。

显然，强直性昏厥发作在此处并未成为家族的污点和可怕疾病的表征，反而为文化认可，成为在同胞中获得权力的途径，成为社会上最受尊重、得到最多荣誉和奖赏的一类人的突出特征。这种文化恰恰挑选有强直性昏厥体验的个体承担权力和领导地位。

由本群体通过文化选择"不正常"类型为社会结构所用，这样的例子遍布世界。西伯利亚的萨满是其社会的统治者。在这些民族的观念里，萨满是服从神灵的意志而从大病（癫痫的首次发作）中康复的个体。他们通过这种途径获得了强大的超自然力，以及无与伦比的活力和健康。有些萨满接受召唤、疯癫狂躁的时期会持续数年；有些萨满无知无感，需严加看管，否则可能在大雪天乱跑而被冻死；还有些萨满几近病死，甚至流出血汗。

他们都是由萨满作法治愈,自称那种很极端的西伯利亚招魂会使他们获得安宁,并能立刻开始类似的表演。强直性昏厥发作则被视为所有萨满表演的必备部分。

加农·卡拉维（Canon Callaway）曾很好地描述了萨满的神经质状态,以及社会对萨满的关注。他用古老的南非祖鲁语进行记录:

> 将要成为卜师的人进入这样的状态:刚开始,他显得很有活力,可是随着时间的推移,他变得虚弱,并不是真的得了什么病,只是虚弱。他习惯性地不吃某些食物,只选他喜欢吃的,但也吃得不多;他不断说身上这儿疼、那儿疼,还说梦见自己被河水冲走了。他做很多梦,身上（像河流一样）有很多淤泥,他变成了一座"梦之屋"。他不断梦见很多东西,醒来就对朋友们说:"今天我身上有淤泥;我梦见很多男人要杀死我,我也不知道怎么就逃开了。醒来之后,我感到身体的某一部位和其他部位不一样;我的身体各部位不一样了。"最后,那个人病得很重了,于是朋友们去询问卜师。
>
> 卜师也没有一下子就看出那人的头快要变软了（有了萨满的敏感）。看到真相是件难事,他们不停地胡说八道,提出错误的看法,最后他们要吃牛。他们说病人部落的神灵要吃牛,结果病人家里的牛都被吃光了,病人倾家荡产,病也不见好。卜师一筹莫展,因为病人家里已经没有牛了,他需要什么都靠

朋友帮忙。

最后，又一位卜师来了，说之前那些卜师都错了。他说："他被神灵附体了。仅此而已。圣灵进入他的身体，分为两派。一派说：'不行，我们不想伤害我们的孩子。我们不想。'所以他总好不了。如果挡了神灵的路，神灵就会要他的命。他成不了卜师，但他从此也不再是凡人了。"

于是这人的病可能两年甚至更久不好。他只好足不出户，直到头发掉光，身体干枯起屑；他不喜欢往身体上涂油。他哈欠连天，用这种办法表明他快要成为卜师。他还变得喜欢闻鼻烟，一会儿就要闻一闻，这也是一种征兆。人们开始看到各种好兆头。

接着他就生病了，开始抽搐，如果把水泼在他身上，他会暂停一会儿。他不停地流泪，刚开始不厉害，后来便号啕大哭。他在家人入睡后发出各种声音，还唱歌将家人吵醒。他自作一曲，男男女女都从睡梦中醒来，过去与他一起唱。村里人都被闹得缺觉。因为人成为卜师后会制造很多麻烦，他不睡觉，脑子一刻也闲不下来；他总是打个盹就醒，醒来就唱很多歌，住得近的人在晚上听见他大声唱歌便过去和他一起唱，然后就搬到村外去了。也许他会一直唱到清晨，谁也睡不了。然后他像青蛙一样围着房子跳，房子对他来说太小了，他就到外面去跳和唱，像水中芦苇一样发抖，浑身大汗淋漓。

家里人见到这种情形，以为他随时会死。他此时已经瘦得皮包骨了，家里人都觉得他活不到第二天太阳升起。这时很多头牛被吃掉了,因为人们希望他成为卜师。终于(在梦里)一位远古祖先的灵魂向他挑明了一切。这个神灵对他说:"去找某某某,他会给你配一副催吐剂(喝药也是萨满入职仪式的一部分),你将成为卜师。"于是他安静了几天,去找那位卜师配药。等他回来时,就像换了一个人,他已经过净化成为卜师了。

在余生,一旦为神灵附体,他就能预言未来,或者找到失物。

很明显,即便高度疯癫的类型也可能受到某种文化的珍视,使之为社会所用。如果某种文化愿意将其中与众不同的人视为人类行为最稀缺的变种,相关个体便会响应这种文化,扮演其社会角色,而不用理会我们通常的理念,将人分为能适应社会的类型和不能适应社会的类型。任何社会中所谓无用之人,并非具有固定"不正常"特质的个体,而是那些反应得不到文化制度支持的个体。这些异常人的弱点在很大程度上并不真实,其根源不是这些人缺少必要的活力,而是他们的本能反应不为社会认可。用萨丕尔(Sapir)的话说,他们"被一个糟糕透顶的世界所疏离"。

欧洲文学通过一个令人难忘的形象——堂吉诃德——刻画了一个无法从其时代和地域的标准获得支持、在嘲讽的寒风中得不到保护的人。塞万提斯通过一套业已改变的习俗标准,观照一种仅在抽象意义上仍受尊崇的传统，他笔下那位可怜的老人是另一个时代的浪漫骑士的卫道士、现世的傻瓜。他与之搏斗的风车在一个几近消逝的世界里是强敌。如果这个世界不再称之为强敌，他却依然与之搏斗，便是痴人说梦了。他以最雅正的传统骑士风范爱着他的温柔内雅[1]，但他的时代流行另一种恋爱的方式，他的热切也就化为疯癫。

在我们研究的原始文化中，这些不同的世界在空间上相互隔离，在现代西方历史上，它们则在时间上首尾相接。原始文化和现代西方历史所面临的主要问题相同，但对这一现象的理解在现代世界里尤为重要，因为我们不可能逃避时间上相接续的结构。倘若每种文化自成一个世界，相对稳定，例如因纽特文化，并处于与其他文化隔绝的偏远地带，那么这个问题是个纯学术问题。但我们的文明必须处理在我们眼前传承的文化标准和天边的影子里生成的新标准。我们必须有思考准则变化的意愿，哪怕涉及我们自幼养成的道德标准。我们如果墨守道德的抽象定义，面对道德问题时就会智尽能索；同样，我们如果认为本地的规范是一切生命必须遵守的铁律，面对人类社会就会智尽能索。

迄今为止，没有任何社会有意识地朝着一个方向发展，好让下一代人创建新规范。杜威曾经指出这样的社会工程有可能完成但后果惨烈。我们显然为一部分传统安排付出了极高昂的代价——人的苦难和挫败。倘若这些安排对我们来说仅仅是些安

---

[1] Dulcinea，采用唐民权先生的译名。——译者注

排，不是绝对律令，我们的合理思路应是想方设法使之适应理性选择的目标。而在实际中，我们却嘲讽身边的"堂吉诃德"们，认为他们荒谬地体现着一种过时的传统，并始终以为我们自己的标准是由万物的本质所规定的终极标准。

　　同时，对针对这一类精神病人的治疗问题也多有误解。倘若不再固执地让他们接受一套有悖于其本性的行为方式，常能更明智地处理他们与真实世界疏离的问题。我们一直有着另外两种可能的路径。首先，错位的个体可以对自己的偏好有较客观的认识，学会较为平静镇定地调整自己与特定类型的偏差。一旦他明白他的痛苦是因为没有从传统观念中获得支持，他便可能逐渐学会接受自己的不同，减少痛苦。躁郁症夸张的情绪失控和精神分裂症的自闭都为生活增添了某些价值，而以其他方式建构的人不具备这些价值。得不到社会支持的个体若能大胆接受他所偏好并与其本性相宜的美德，就能养成为人们接受的行为方式，而不必缩进他为自己建造的个人世界。他对自己的偏离可能逐渐采取较独立、不那么痛苦的态度，并可据此过上有益于社会的生活。

　　其次，社会对于不常见类型的宽容必须随着患者自我教育程度的提高而增加。这方面具有无限可能。其实，传统与任何一位病患一样神经质，传统对于偏离它偶然制定的标准"大惊小怪"，这种态度成为精神病学所有通用定义的依据。但是这种恐惧并非基于观察而发现必须有某种限度的服从才能维护社会利益。一些文化对个体偏离的宽容度远高于另一些文化，却并不为其特点所害。未来的社会秩序或可将对个体差异的宽容和鼓励发扬光大，超越一切文化的现有经验。

然而，美国目前的趋势却与之相反，因此我们也就难以勾勒这种态度的转变将带来何种后果。米德尔敦便是典型例证，说明我们这些都市人对于邻居行为中无论多细微的表面差异通常都怀有恐惧。古怪比不劳而获更可怕。为了确保一家人无一沾染上任何一丝与众不同的色彩，每个家庭都不惜牺牲所有时间和安宁。不穿某种长袜，不参加某个舞蹈班，不开某种车，都会给在校儿童造成灭顶之灾。对与众不同的恐惧是米德尔敦有史以来最重要的动机。

与精神疾病相关的美国许多机构里均可见这种动机导致的精神病患。倘若这一动机在社会中仅是许多微不足道的动机之一，精神病患现状将大为不同。无论如何，我们可以合理地认为，目前美国应对精神病患所造成的难以承受的负担，最有效的方法之一便是开展教育项目，培养社会的宽容性以及米德尔敦和我们的城市传统中缺失的自尊和独立。

当然，并非所有精神病患都是其本能反应与文化所要求的反应相抵牾的个人。还有很大一批人是眼高手低因而无法接受自己失败的人。倘若权力意志在一个社会里最受尊崇，失败者便不是禀赋异常者，而是天赋不足者。自卑情结在我们的社会里造成了巨大的痛苦，这一类受害者未必因其强烈的天性受到抑制而感到挫败，他们的挫败感往往仅反映出他们没有能力达成某个特定目标。这其中也包含某种文化暗示，因为能达到传统目标的人可能是大多数也可能是极少数，成功的欲望越是强烈，越是仅有少数人能够成功，因不适应而受到严酷惩罚的人便越多。

因此，在某种程度上，一种文明倘若设定了较高或许价值较大的目标，便有可能增加其成员中的不正常者数量。但是这种观点很容易被过度强调，因为社会态度的微小变化都可能远比这种关联更为重要。总之，实践中对于社会在宽容和承认个体差异方面的可能性探索甚少，一味悲观为时尚早。当然，我们前文探讨的其他不同社会因素是大部分神经症患者和精神病患者的更直接的致病因素，各种文明倘若愿意，完全可以改变这些因素而不伤及本质。

至此，我们始终以个体对社会的有用性为角度思考个体问题。这种有用性也是临床界定个体正常与否的一种方法。正常与否也通过一系列固定的症状来界定，人们通常以统计学意义上的平均水平为正常水平。在实践中，这种平均水平是实验室状态，偏离平均水平的情况便被界定为异常。

从单一文化的角度看，这一程序十分有用。它显示了文明的临床状态，并提供了大量信息，说明哪些行为被社会接受。然而，把它泛化为绝对正常却是另外一回事。如前所述，正常的范围因文化而异。有些文化，如祖尼人和夸扣特尔人的文化，相去甚远，几乎没有相同的地方。西北海岸印第安人统计学意义上的正常可能远远超出普韦布洛人最大的正常界限。夸扣特尔人的正常竞争在祖尼人眼里只能是疯狂，而祖尼人自古以来对统治和羞辱他人的淡漠态度，在西北海岸印第安人贵族家庭出身的人看来，无异于傻子做的傻事。任何文化中的异常行为都无法用行为的任何"最小公约数"加以界定。任何社会都可能根据其主要关注点扩大和夸张歇斯底里、癫痫或偏执的症状，同时全社会却越来越依赖表现出这些症状的个体。

这一事实对精神病学很重要，因为它清晰地划分出在每种文化中都可能存在的另一个异常者群体——代表地区文化类型发展到极致的异常者群体。这个群体的反应与其文化标准相矛盾，却在社会意义上与我们所讨论的群体处于相反的位置。他们在社会上不一定处于可见位置，但社会支持他们最大程度的异常。他们得到了许可，而且可以无止境地利用其许可。因为这种缘故，这群人几乎从来不在其同时代的精神病学范畴之内，甚至对同时代精神病最详尽的描述也不会提到他们。然而从另一代人或另一种文化的角度来看，他们一般是那个时期最奇怪的精神病类型。

18世纪新英格兰的清教徒牧师在同时代的北美殖民地绝不会被视为精神病人。任何文化中的特权阶层在知识和情感方面都难以获得能与清教徒牧师比肩的全面统治权，他们代表主。现代观察者却会认为他们才是清教时期新英格兰的精神性神经病患者，而不是那些被他们以女巫之名处死的、迷惘且饱受折磨的女性。他们在自身的皈依体验和经他们宣教而皈依者的体验中，都描述和要求极端的负罪感，在任何一个稍健全的文明里，这种极端负罪感仅可见于精神病院。他们说只有承认罪孽，才能获得救赎。有时受害者被这罪孽压迫多年，内心充满懊悔和可怕的痛苦。神职人员的责任就是将对地狱的恐惧注入哪怕最幼小的心灵，并让每一位信徒在情感上接受上帝对其随意诅咒。不论我们翻看这一时期新英格兰清教徒教会关于哪个方面的记录，不论是关于女巫或没活到青春期的孩子，还是关于上帝的诅咒和预设的命运，我们都会看到这样一个事实：那个时代以最极端的形式和最大的荣耀推行文化标准的人，以我们这一代变化无几的标准来看，便是不可接受的变态者。从比较精神病学的角度来看，他们属于异常者。

我们这一代以相同的方式为自我满足的各种极端形式提供了文化支持。小说家和戏剧家描绘了家庭、司法界和商界一个又一个傲慢、无底线的自私自利者，每一个群体里都有他们的熟悉身影。他们的行为与清教徒牧师非常类似，比监狱里的犯人具有更强的反社会性，他们对周围人造成的痛苦和挫败感可能无与伦比，达到了扭曲心灵的强度。然而他们占据了具有长远影响和重要性的位置，是千家万户里占统治地位的父亲。他们给自己的孩子和我们的社会结构留下了有毒的印记。但我们的精神病学手册不涉及他们，因为我们的小说、文字和关于非正常类型的公共记录中的每一种信条都支持他们。他们与其文化所指引的方向一致，因而自信得无以复加。然而，未来的精神病学者可能痛斥我们的小说、文字和公共记录，它们颂扬的是一类不可信任的变态者。每一种社会最极端的人类行为都是由这种受到文化鼓励和强化的人群做出的。

当前最重要的社会思考莫过于充分考虑文化相对性。这种思考对于社会学和心理学都具有根本性的重要意义,关于人际交往和标准变化的现代思考亟须转向健康和科学的方向。虽说社会相对性已在小范围内得到认可,但世故的现代人说这是可望而不可即的目标。有人称它不符合永恒和理想的正统梦想,不符合个体的自主性幻象。有人认为,倘若必须从人类经验中摒弃这些梦想和幻象,生存就成了一个空壳,然而如此解读我们的困境不合时宜。正是因为文化滞后不可避免,我们才坚持要从新事物中重新发现旧事物,我们才要心无旁骛地在新的可塑性中寻找旧的确定性和稳定性。承认文化相对性自有其独立价值,这些价值不一定为绝对主义哲学所认可。文化相对性挑战了老套的成见,让那些从小接受这些成见长大的人非常不适。它引发了悲观主义,因为它打乱了现成的公式,而不是因为它包含了无法克服的困难。一旦新观点成为习以为常的信念,它就会变成美好生活的另一个可靠堡垒,我们也将获得一种较为现实的社会信念,以之为希望的基础,以及为宽容共存且同等有效的生活模式的新基础,这些生活模式是人类利用生存的原材料为自己创造的。

参考文献[*]

第一章

12　Itard, Jean-Marc-Gaspard. *The Wild Boy of Aveyron*, translated by George and Muriel Humphrey. New York, 1932.
这些孩子可能因为不正常而被人抛弃。要说他们全都是这样,似乎不大可能,不过他们所有人留给不同观察者的印象都是智力发育不全。

15　See Boas, Franz. *Anthropology and Modern Life*, 18–100. New York, 1932.

第二章

25　关于成年礼作为危机仪式的分析,参见 Van Gennep, Arnold. *Les Rites de Passage*. Paris, 1909。

29　Mead, Margaret. *Coming of Age in Samoa*. New York, 1928.

34　Howitt, A. W. *The Native Tribes of South-East Australia*. New York, 1904.

39　Benedict, Ruth. The Concept of the Guardian Spirit in North America. *Memoirs of the American Anthropological Association*, no. 29, 1923.

第三章

50　Malinowski, Bronislaw. *The Sexual Life of Savages*, London, 1929; *Argonauts of the Western Pacific*, London, 1922; *Crime and Custom in Savage Society*, London, 1926; *Sex and Repression in Savage Society*, London, 1927; *Myth in Primitive Psychology*, New York, 1926.
Stern, Wilhelm. *Die differentielle Psychologie in ihren Grundlagen*. Leipzig, 1921.

51　Worringer, Wilhelm. *Form in Gothic*. London, 1927.
Koffka, Kurt. *The Growth of the Mind*. New York, 1927.
Köhler, Wilhelm. *Gestalt Psychology*. New York, 1929.
对格式塔学派研究成果的概述,参见 Murphy, Gardner. *Approaches to Personality*, 3–36. New York, 1932。

52　Dilthey, Wilhelm. *Gesammelte Schriften*, Band 2; 8. Leipzig, 1914–31.
Spengler, Oswald. *The Decline of the West*. New York, 1927–28.

---

[*] 行首页码为原著页码。原著为Mariner Books 2005年版《文化模式》。——译者注

第四章

57 祖尼名称旧时拼写为 Zuñi，容易让人误会。这里的n和英文单词里的其实无异。以下是关于祖尼的精选书目。本章参考文献即按此顺序排列。
    Benedict, Ruth.
        1. Zuñi Mythology. *Columbia University Contributions to Anthropology*, 2 vol., XXI. New York, 1934.
        2. Psychological Types in the Cultures of the Southwest. *Proceedings of the Twenty-Third International Congress of Americanists*, 572-81. New York, 1928.
    Bunzel, Ruth L.
        1. Introduction to Zuñi Ceremonialism. *Forty-Seventh Annual Report of the Bureau of American Ethnology*, 467-544. Washington, 1932.
        2. Zuñi Ritual Poetry. *Ibid*. 611-835.
        3. Zuñi Katchinas. *Ibid*. 837-1086.
        4. Zuñi Texts. *Publications of the American Ethnological Society*, XV. New York, 1933.
    Cushing, Frank Hamilton.
        1. Outlines of Zuñi Creation Myths. *Thirteenth Annual Report of the Bureau of American Ethnology*. Washington, 1926.
        2. Zuñi Folk Tales. New York, 1901.
        3. My Experiences in Zuñi. *The Century Magazine*, n.s. 3, 4, 1888.
        4. Zuñi Breadstuffs. *Publications of the Museum of the American Indian, Heye Foundation*, VIII. New York, 1920.
        5. Zuñi Fetishes. *Second Annual Report of the Bureau of American Ethnology*. Washington, 1883.
    Kroeber, A. L. Zuñi Kin and Clan. *Anthropological Papers of the American Museum of Natural History*, vol. XVIII, part 2. New York, 1917.
    Parsons, Elsie Clews. Notes on Zuñi, I and II. *Memoirs of the American Anthropological Association*, vol. 4, no. 3, 1927.
    Stevenson, Matilda Cox.
        1. The Zuñi Indians. *Twenty-Third Annual Report of the Bureau of American Ethnology*. Washington, 1904.
        2. The Religious Life of the Zuñi Child. *Ibid*., V. Washington, 1887.

58 Kidder, A. V. *Southwest Archæology*. Yale University Press. New Haven, 1934.
61 Zuñi ritual prayers are recorded in Bunzel 2.
62 Bunzel 2:626.

63 Bunzel 2:689.
64 Bunzel 2:645; 2:716.
65 Bunzel 2:666–67.
   See Bunzel, 1 and 3.
69 Stevenson 1:94–107.
72 Ibid. 407–576.
74 然而,关于祖尼人对待夫妻分离的平和行为的记录中,也有两位相关女性的拳头战,见第 108 页。
78 Nietzshe, Friedrich. *The Birth of Tragedy*. New York, 1924.
79 'Measure in the Hellenic sense,' *ibid*. 40.
   'And retains his civic name,' *ibid*. 68.
81 Benedict, Ruth. The Vision in Plains Culture. *American Anthropologist*, n.s. 24:1–23. 1922.
85 Reo F. Fortune. Secret Societies of the Omaha. *Columbia University Contributions to Anthropology*, XII. New York, 1932.
   Benedict 1.
86 Lewin, Louis. Weber Anhalonium Lewinii und andere Cacteen. Zweite Mitteilung. *Separatdruck aus dem Archiv für experimentelle Pathologie und Pharmakologie*, Bd. XXXIV. Leipzig, 1894.
   Wagner, Günther. Entwicklung und Verbreitung des Peyote-Kultes. *Baessler Archiv*, 15:59–144. Hamburg, 1931.
87 Benedict 2.
   Quotation, Bunzel 1:482.
88 Stevenson, *Thirtieth Report of the Bureau of American Ethnology*, 89.
91 关于仙人掌会入会仪式,见 Cushing 3 (vol. 4): 31–32。
   关于火会入会仪式,见 *ibid*. 30–31; Stevenson 1:526。
93 D. H. Lawrence. *Mornings in Mexico*, 109–10. New York, 1928.
94 关于科拉人在祭坛上的舞蹈,见 Preuss, K. T. *Die Nayarit Expedition*, 55. Leipzig, 1912。
   关于霍皮人的舞蹈,见 Voth, H. R. Oraibi Summer Snake Ceremony. *Field Columbian Museum Publication*, no. 83, 299. Chicago, 1903。
99 Quotations, Bunzel 1:480.
101 Malinowski, B. *Sex and Repression in Primitive Society*, 74–82. New York, 1927.
102 Junod, Henri A. *Story of a South African Tribe*, I: 73–92. Neuchâtel, 1912. 该书描述了巴聪加人 (the Bathonga)。
104 这则民间故事见 Benedict 1, vol. II (in press), 其原型是发生在1850年前后的一件真事, 由这个家庭的女儿讲述, Bunzel 4:35–38。
107 关于嫉妒的文化讨论, 见 Mead, Margaret, Jealousy, Primitive and Modern. In *Woman's Coming of Age*, edited by S. D. Schmalhausen and V. F. Calverton. New York, 1931。

109-110 Parsons, Elsie Clews. Isleta, New Mexico. *Forty-Seventh Annual Report of the Bureau of American Ethnology*, 248-50; and Goldfrank, Esther Schiff, MS.
111 Prayer to dead wife, Bunzel 2:632.
关于平原地区的哀悼,见Grinnell, George Bird. *The Cheyenne Indians*, II:162. Yale University Press, 1923。
112 关于哀悼者不肯离开墓地的描述,见*ibid*. II: 162。
关于反复扫墓的描述,见Donaldson, Thomas. The George Catlin Indian Gallery in the U. S. National Museum, 277. (*Smithsonian Institution*), *Report of the Board of Regents of the Smithsonian Institution to July*, 1885, Part V. Washington, 1886. 关于达科他的哀悼观,见Deloria, Ella, MS。
The quotation is from Denig, Edwin T. The Assiniboine, 573. *Forty-Sixth Annual Report of the Bureau of American Ethnology*. Washington, 1930.
113 关于异常的讨论,见下,第七章。
114 Bunzel 2:679-83.
116 Grinnell, George Bird. *The Cheyenne Indians*, II:8-22. New Haven, 1923.
关于头皮舞中的小丑表演,见上引,*ibid*. 39-44。
118 Benedict 1.
121 Bourke, John J. Notes on the Cosmology and Theogony of the Mojave Indians of the Rio Grande, Arizona, 175. *Journal of American Folklore*, II (1889), 169-89.
123 关于霍皮人丰产象征的例子,见 Haeberlin, H. K., The Idea of Fertilization in the Culture of the Pueblo Indians, 37-46。*Memoirs of the American Anthropological Association*, III, no. 1, 1916.
124 关于秘鲁的男女赛跑,见Arriaga, P. J., *Extirpacion de la Idolatria del Peru*, 36, Lima, 1621。
125 For an extreme instance of Zuñi misinterpretation see Parsons, Elsie Clews, Winter and Summer Dance Series in Zuñi in 1918, 199. *University of California Publications in American Archæology and Ethnology*, 17, no. 3, 1922.
Cushing, 1:379-81.
126 'Amiable disciplinary means,' is Dr. Bunzel's phrase, Bunzel 3:846.
127 The quotations are from Bunzel 1:486; 497.
128 关于祖尼人不放弃的引文出自Bunzel 1:486。
仪式的祈祷文节选自Bunzel 2:784; 646; 807-08。

第五章

130 本章的论述基于一项田野研究，见 *The Sorcerers of Dobu*, by Reo F. Fortune, New York, 1932. 本章仅简要概述了福琼博士的完整论述，为便于查询，文中某些特殊地方标注了引文页码。
137 For Dobuan totems, Fortune 30–36.
139 关于马努斯人婚姻，见 Mead, Margaret. *Growing up in New Guinea*. New York, 1930.
145 The quotation is from Fortune 16.
146 关于田园的仪式，见 Fortune 106–31.
149 The version given here is condensed. See Fortune 139–40.
152 关于瓦达的论述，见 Fortune 158–64，相关比较见 284–87。
154 Malinowski, Bronislaw. *Argonauts of the Western Pacific*. London, 1922.
关于库拉环交易的经济背景，见 Fortune 200–10。
159 Fortune 216–17.
160 关于配偶亡故后的哀悼礼节，见 Fortune 11; 57; 194。
163 Fortune 11, for quotation.
164–165 Fortune 197–200.
166 Fortune 23 是关于哀悼交换中暗地里的怀疑。Fortune 170.
167 关于山药的行为，见 Fortune 222。
169 Fortune 78.
170 Fortune 85.
171 Fortune 109.

第六章

173 以下为弗朗兹·博厄斯关于夸扣特尔人的部分书目：
1. The Social Organization and Secret Societies of the Kwakiutl Indians, *Report of the U.S. National Museum for 1895*, 311–738. Washington, 1897.
2. Kwakiutl Texts, by Franz Boas and George Hunt. *The Jesup North Pacific Expedition*, III, *Memoir of the American Museum of Natural History*. New York, 1905.
3. Ethnology of the Kwakiutl, 2 vols. *Thirty-Fifth Annual Report of the Bureau of American Ethnology*. Washington, 1921.
4. Contributions to the Ethnology of the Kwakiutl. *Columbia University Contributions to Anthropology*, III. New York, 1925.
5. The Religion of the Kwakiutl Indians, vol. II. *Columbia University Contributions to Anthropology*, X. New York, 1930.

175 关于秘密会社表演的描述,见BoasⅠ。
176 Quotation, Boas 1:466.
   Ibid. 513; 467.
177 *Ibid.* 459.
178 关于食人舞,见*ibid.* 437-62; 500-44。
181 Exorcism, Boas 3: 1173.
188 关于贝拉库拉人的族内婚制度,见Boas, Franz。贝拉库拉印第安人的神话,见P. 125。*Publications of the Jesup North Pacific Expedition* I, 25-127, *Memoirs of the American Museum of Natural History.* New York, 1898.
189 'We fight with property.' Boas 1:571.
190-191 Boas 3:1291; 1290; 848; 857; 1281.
192 *Ibid.* 1288; 1290; 1283; 1291.
194 Boas 1:622.
195-197 *Ibid.* 346-53.
197-199 Hunt, George, The Rival Chiefs. *Boas Anniversary Volume*, 108-36. New York, 1906.
200 Boas 3:744.
   Boas 1:581.
201 Boas 4:165-229.
203 Boas 1:359 ff.; 421 ff.
205 *Ibid.* 422.
206 Quotation, *ibid.* 424. 关于婚姻竞赛,见 *ibid.* 473。
207 Boas 3:1030.
208 Boas 1:366.
209 Boas 3:1075.
   Boas 3:1110-17.
210 Boas 2:441 etc.
211 'Of the order of spirits,' Boas 3:740.
   Demonstrating the privileges of a shaman, Boas 5:18, 30.
212 Killing a shamanistic competitor, Boas 5:31-33.
213 Shamanistic spies, Boas 5:15; 270.
   Ibid. 277-288.
214 *Ibid.* 271.
215 The capsized canoe, Boas 4:133.
   The broken cannibal mask, Boas 1:600.
   The bankrupt gambler, Boas 2:104.
216 'Craziness strikes,' Boas 3:709.
   For this head-hunting, Boas 3:1385.
   Ibid. 1363.
217 Boas MS.
219 Boas 3:1093-1104.

221 Quoted from Mayne. Boas, F., Tsimshian Mythology, 545. *Thirty-Fifth Annual Report of the Bureau of American Ethnology.* Washington, 1916.
Boas 1:394.

第七章

231 Durkheim, Émile. *Les Règles de la méthode sociologique.* 6th edition. Paris, 1912.
Kroeber, A. L. The Superorganic. *American Anthropologist,* n.s., XIX (1917), 163-213.
For discussion, see Folsom, J. R. *Social Psychology,* 296 ff. New York, 1931.
对群体谬误的批评,见 Allport, F. H. *Social Psychology.* Boston, 1924。
232 Rivers, W. H. R. Sociology and Psychology, in *Psychology and Ethnology.* London, 1926.
236 Murphy, Gardner. *Experimental Psychology,* 375.
239-240 Boas 5:202; Boas 3:1309. 完整标题见第六章。
242 Westermarck, E. A. *History of Human Marriage.* 3 vols. 5th edition. London, 1921.

第八章

253 Sumner, William Graham. *Folkways.* Boston, 1907.
256 Jones, William. Mortuary Observances and the Adoption Rites of the Algonkin Foxes of Iowa, 271-77. *Quinzième Congrès International des Américanistes,* 273-77. Quebec, 1907.
257 关于平原地区的哀悼行为,见ibid. P. 282。
258 Fortune, R. F. *Sorcerers of Dobu,* 54. New York, 1932.
261 当地人对祖尼这桩巫术事件的描述,见 Bunzel, Ruth L. *Publications of the American Ethnological Society,* XV:44-52. New York, 1933。
263 对祖尼不同男扮女装者的描述,见 Parsons, Elsie Clews. The Zuñi Lámana. *American Anthropologist,* n.s. 18 (1916), 521-28。
斯蒂文森夫人关于韦华的描述,见 Stevenson, Mathilda C. The Zuñi Indians. *Twenty-Third Annual Report of the Bureau of American Ethnology,* 37; 310-331; 374。
264 Deloria, Ella, MS.
265-270 From Benedict, Ruth. Culture and the Abnormal. *Journal of General Psychology,* 1934, I, 60-64.
266 Dixon, Roland B. The Shasta. *Bulletin of the American Museum of Natural History,* XVII:381-498. New York, 1907.

267 一段恰当的描述见 Czaplicka, M. A. *Aboriginal Siberia.* Oxford, 1914。
268 Callaway, Canon H. Religious System of the Amazulu. *Publications of the Folklore Society*, XV:259 ff. London, 1884.
270 Sapir, E., in *Journal of Abnormal and Social Psychology*, XXVII (1932), 241.
271 Dewey, John. *Human Nature and Conduct.* New York, 1922.
273 Lynd, Robert and Helen. *Middletown.* New York, 1929.
277 梅·辛克莱（May Sinclair）和契诃夫最喜在小说中描绘这一类个体。

索 引

(索引页码为原著页码,即本书边码)

Aberrants, 258-74; Dobu, 258; Plains Indians, 259; Zuñi, 260-62
Abnormal, categories of: extreme development of cultural type, 276-78; inferiors, 274; unsupported by their culture, 258-74
Abnormality, inadequacy of characterization by fixed symptoms, 258-78; by inadequate functioning, 275
Adolescence, 24-30; Apache, 28, 102; Australia, 26, 102; Carrier, 28; Central Africa, 27; Kwakiutl, 202; Nandi (East Africa), 27; Plains Indians, 25; Plateau of British Columbia, 26; Samoa, 29; Western civilization, 24; Zuñi, 69, 91, 102
Africa, Central Africa, adolescence, 27; Nandi, adolescence, 27; South Africa, adolescence, 102; South Africa, shamanism, 268-70
Allport, F. H., 231
Analytical studies in anthropology, 48
Anthropology, analytical studies in, 48; comparative studies in, 242; configuration studies in, 229; definition of, 1; functional studies in, 50; individual vs. culture, 251-54; preliminary propositions of, 3-9; typological studies in, 238; value in social sciences, 16-18
Apache, adolescence, 28, 102; alcohol, 90; punishment of wife's infidelity, 107.
Apollonian, 79
Art and religion, 38
Australia, adolescence, 26, 102; behaviour at death, 119; marriage in, 33
Authority, right to exercise, Zuñi, 99-104
Aztecs, 85; self-torture, 90; use of datura, 86, 88; war, 30

Bella Coola, 188
Biological inheritance in behaviour, 233-36; ants, 12; man, 12-15
Blake, William, 79
British Columbia, plateau of, adolescence, 26; lack of cultural integration, 224, 225; religion, 39
Bunzel, Ruth, 66, 69, 99, 107, 126

California, shamanism, 42, 92, 266, 267. See also Mission Indians
Cannibalism, 131, 164, 178
Capitalism, Western civilization, 250
Carrier Indians, adolescence, 28
Cervantes, 270
Clan, Dobu, 132, 133, 136; Northwest Coast, 185, 186; Zuñi, 75, 76, 78, 101, 105
Closed group and the alien, 7
Comparative school in anthropology, 242, 244
Crow Indians, 259
Cultural change, control of, 271; fears of, 36; inevitability of, 10; technique of control, 248-50
Culture, as an organism, 230-32; biological interpretation of, 233-36; historical factors in, 232, 233, 236; importance of, 2; integration of, 23, 46, 48, 223; psychological interpretation of, 35, 232; selection in, 24, 46; variety in, 3; and the individual, 251-78
Custom. See Culture

Dakota, homosexuality, 264; mourning, 112
Dance, Hopi, 94; Kwakiutl, 92, 175-81; Maidu, California, 92; Northern Mexico, 92, 94; Northwest Coast, 92; Zuñi, 92; absence of, Dobu, 133; Ghost Dance of American Indians, 92

Darwin, 4, 56
Datura, 86, 88
Death, behaviour at, 243, 244; Australia, 119; Central Algonkian, 256; Dobu, 160-65; Kwakiutl, 215-18, 239; Navajo, 119; Plains Indians, 111-13; Pueblo, 109, 120; Zuñi, 110, 120, 243
Dewey, John, 271
Diffusion, 241
Dilthey, Wilhelm, 52
Dionysian, 79, 175, 181
Divination, Dobu, 132, 171; Zuñi, 87
Divorce, Dobu, 138, 139; Kwakiutl, 208-09; Zuñi, 74, 108
Dobu, 130-72; aberrant individual, 258; cannibalism, 131, 164; clan, 132, 133, 136; consistency in cultural behaviour, 239; death, behaviour at, 160-65, 244; divination, 132, 171; dourness, 166; economic life, 130, 139-41, 146, 147, 153-60, 162-64; frustration, behaviour at, 255; government, 131, 169; homicide, 152, 166; ideal character, 142, 168, 172, 250; Kula ring, 154-59, 171; legality, 169, 170; magic, 132, 142-53, 156-61, 171; marriage, 133-41, 160, 168; medicine charms, 148-53, 160; mother's brother, 138, 142, 144, 145; personal names, use of, 137; religion, 142-53, 156-58; sex, 138, 139, 147, 167, 168; sorcery, 131, 132, 133, 152; suicide, 139, 173; supernaturals, 142; totems, 137; villages, 132, 133, 141; war, 131; wabuwabu, 158-60
Drugs and religion, 85-89
Dualisms in social theory, 251
Durkheim, 231

Economic laws, 248
Economic life, 243; Dobu, 130, 139-41, 146, 153-60, 162-64; Kwakiutl, 173-75, 182-86, 188, 193-211; Zuñi, 63, 64, 76, 105
Evolution, 4; in anthropological theory, 18-19

Fasting and religion, 88
Fertility cult, Hopi, 123; Peru, 124; Zuñi, 122
Fortune, R. F., 139, 144, 152, 165, 171
Frazer, *The Golden Bough*, 49
Frustration, behaviour at, 255-57

Gestalt school in psychology, 51
Government, Dobu, 131, 169; Kwakiutl, 183, 185; Zuñi, 100
Greece, 79, 238, 263
Group fallacy, 231

Headhunting, Kwakiutl, 216-18
Homicide, 45; Dobu, 152, 166; Eskimo, 256; Kwakiutl, 207, 210, 212; Zuñi, 117
Homosexuality, American Indians, 263; Dakota, 264-65; Greece, 263; Western civilization, 262, 265; Zuñi, 263-64
Hopi, fertility magic, 123; snake dance, 94

Ideal character, Dobu, 142, 168-72, 250; Kwakiutl, 200, 214, 220, 222, 250; Plains, 98; Zuñi, 98
Incest groups, 33
Inconsistencies in cultural behaviour, Dobu, 239; Kwakiutl, 239-41; Western civilization, 239, 241; Zuñi, 241
Individual, malleability of, 113, 254; and society, 251-78
Integration, emphasis upon in psychology, 50; in social studies, 52
Integration, cultural, 23, 46, 48, 223; lack of, 223-26; Western civilization, 229, 230
Intoxication, religious, 85
Isleta, 109, 119

Jealousy, marital, Dobu, 138; Zuñi, 107

Kroeber, A. L., 231
Kula ring, Dobu, 154-59, 171
Kwakiutl, 173-222; adolescence, girls', 202; bear dance, 176; cannibal dance,

177–81; cannibalism, 178; cultural integration, historical, 226–28; dances, 175–81; death, behaviour at, 215–18, 239, 243; economic life, 173–75, 182–86, 188, 193–211; evaluation of culture, 246–48; frustration, behaviour at, 255; headhunting, 216–18; homicide, 207, 210, 212; ideal character, 200, 214, 220, 222, 250; inconsistencies in cultural behaviour, 239–41; marriage, 174, 186, 203–10, 219, 220; potlatch, 174, 184–86, 190, 191, 195–211; psychiatric view of, 258; religion, 175–81, 210–14, 221; rivalry, 189–202, 212–14; shamanism,̓ 211–14, 219; shame, 215, 216, 218–21; social organization, 182–87; suicide, 215, 218, 219, 220; supernaturals, 221; titular names, 183–87, 189

Lawrence, D. H., 93
Lowie, R. H., 259

Magic, Dobu, 132, 142–53, 156–61, 171; Zuñi, 61
Maidu, California, 92
Malinowski, B., 50, 101, 130, 154
Manus, 139
Marriage, 243; and economic transfer, 43; and religion, Western civilization, 43; asocial developments of, Australia, 34; Dobu, 133–41, 160–68; Dutch New Guinea, 136; Kwakiutl, 174, 186, 187, 203–10, 219, 220; Zuñi, 73, 101, 105, 107, 110
Mead, Margaret, 29
Medicine, charms, Dobu, 148–53, 160; societies, Zuñi, 71, 72
Menstruation, Zuñi, 120
Mental hygiene, Western civilization, 245, 272–74
Mexico, Northern, religious use of alcohol, 85; whirling dance, 94. *See also* Aztecs
Middletown, 247, 273
Mission Indians, California, adolescence, 103; proverb of, 21; use of datura, 86; war, 31
Mojave, shamanism and sorcery, 121; use of datura, 86

Navajo, mourning, 119
Nietzsche, 78
Northwest Coast, dance, 92; prerogatives, 227. *See also* Kwakiutl

Œdipus complex, Zuñi, 101
Orgy, traces in Zuñi, 124
Osage, totemism among, 40

Penitentes, 90
Personality differences within a culture, 253
Peyote, 85, 89
Pima, purification of slayer, 115; religious intoxication, 85
Plains Indians, aberrant individual, 259; adolescence, 25; behaviour at death, 111–13, 257; homosexuality, 264; ideal of character, 98; Omaha, 85; purification of slayer, 116; self-torture, 90; shamanism, 97; suicide, 118; the vision, 81; totemism, Osage, 40
Plato, 263
Potlatch, Kwakiutl, 174, 184–86, 190, 191, 195–211
Primitive, romantic return to the, 19–20
Primitive societies, value of as social laboratory, 16–20, 55
Psychiatry, 257; and psychotic types, 49
Psychological origins of culture, 232
Psychology, experimental, 236; integration studies in, 50; and culture, 35
Pueblos, behaviour at death, 109, 120; prehistory of, 57. *See also* Zuñi
Purification of slayer, Pima, 115; Plains Indians, 116; Zuñi, 113
Puritanism, 276; Dobu, 168; Western civilization, 126; Zuñi, 126

Race and culture, 233-36
Race prejudice, 9, 11, 15, 44
Racial inheritance, 15
Rasmussen, K., 31
Religion, the closed group and the alien in, 8; and adolescence, 39; and art, 38; and dance, 92-95; and drugs, 85; and economic exchange, 43; and feasting, 88; and intoxication, 85; and marriage, 43; and self-torture, 90; and social organization 40; and shamanism, 96; and trance, 42; Dobu, 142-53, 156-58; Kwakiutl, 175-81, 211-14, 221; Pima, 85; Plains Indians, 81; Zuñi, 59-73, 221; shamanism and sorcery, 121
Rivalry, 247; Kwakiutl, 189-202, 212-14
Rivers, W. H. R., 232

Salish, 226, 227
Samoa, adolescence, 29
Sapir, E., 270
Selection, in art forms, 47; in cultural configurations, 237, 254; in cultural forms, 24, 47; in linguistic forms, 23
Self-torture, Aztec, 90; Penitentes, 90; Plains Indians, 90; Zuñi, 91
Sense of sin, Western civilization, 126; Zuñi, 126
Sex, Dobu, 138, 139, 147, 167, 168; Kwakiutl, 240, 241; Zuñi, 73-75, 101, 107, 108, 111, 124-26, 168
Sexual symbolism, Zuñi, 125
Shamanism, 96-98; and sorcery, Mojave, 121; California, 42; Kwakiutl, 211-14, 219; Shasta Indians, 42, 266, 267; Siberia, 267, 268; Zulu, 268-70
Shasta, 42, 266, 267
Siberia, religious art, 38; shamanism, 267, 268
Snake dance, Hopi, 94
Social organization, 32-35; Dobu, 131-33, 136; Kurnai, Australia, 34; Kwakiutl, 182-87; Osage, 40; Zuñi, 73, 75, 76, 78, 101, 105

Sorcery, Dobu, 131, 132, 133; North America, 120
South America, adolescence, 102; religious art, 38
Spengler, Oswald, 52
Stern, Wilhelm, 50
Struktur school in psychology, 51
Suicide, 46; Dobu, 139, 173; Kwakiutl, 215, 218, 219, 220; Plains Indians, 118; Zuñi, 117
Supernaturals, Dobu, 142; Kwakiutl, 221; Zuñi, 67, 71, 126, 128

Taos, peyote in, 89
Totemism, Dobu, 137; Osage, 40
Trance, 265-70; Shasta Indians, 42
Trobriand Islands, 130, 154, 161
Typology in cultural studies, 238

Utopias, 248

Value, problem of, 246-50
Vision, the, in North America, 39-43, 81-92, 96, 97; Kwakiutl, 177, 212

War, Aztecs, 30; Dobu, 131; Eskimo, 30; Mission Indians of California, 31; Plains Indians, 98; Western civilization, 32, 45, 250
Westermarck, 242
Western civilization, aberrant individuals, 260, 270; adolescence, 24; art and religion, 38; artists, 260; attitudes toward children, 245; behaviour at death, 257; capitalism, 250; cultural integration, 229; economics, 36; ego extensions, 245; ego-gratification, 277; forms of, not biologically conditioned, 36; hobos, 260; homosexuality, 262, 265; inconsistencies in behaviour, 239; inferiority complex, 274; integration in, 53; intolerance, 273, 274; marriage and religion, 43; mental hygiene, 245, 272-74; position of women and Christianity, 44; possibility of cultural control, 248-50, 271, 272;

pararoia, 222; Puritan divines, 276; puritanism, 126; race and prejudice, 44; religion, 249; rivalry, 248; sanity in, 237; spread over world, 5; trance, 265; war, 31, 250
Wild children of the Middle Ages, 12
Witchcraft, Pueblo, 122, 127
Women, position of, and Christianity, 34
Worringer, W., 51

Zuñi, 57-129; aberrant individual, 260-62; adolescence, 69, 91, 102; Apollonian type, 79; authority, 99-104; authority in the family, 101; clan, 75, 76, 78, 101, 105; crime, 100; dance, 92; datura, 88; death, behaviour at, 110, 120, 243; death of spouse, 110; divination, 87; divorce, 74, 108; economic life, 73, 74, 76, 105; evaluation of culture, 246; fasting, 88; fertility cult, 122, 124; frustration, behaviour at, 255; good and evil, 127; government, 100; group sanction, 103-06; homicide, 117; homosexuality, 263, 264; ideal of character, 98; initiation, 69, 91, 102; intoxication, 89; kachina cult, 67-71; magical technique, 60; marriage, 73, 101, 105, 107, 110; medicine societies, 71-73; menstruation, 120; moderation in emotional life, 106, 120, 243; Œdipus complex, 101; orgy, traces of, 124; prayer, 61; priests, 65, 121; priest, character of the, 96; psychiatric view of, 257; purification of the slayer, 113; puritanism, 126; religion, 59-73, 221; religion, object of, 63; religious art, 38; resignation, 128; ritual, importance of, 59; sense of sin, 126; sex, 73-75, 101, 107, 108, 111, 124-26, 168; sexual symbolism, 125; self-torture, 91; shamanism, absence of, 96; social organization, 73, 75, 76, 78, 101, 105; suicide, 117; supernaturals, 67, 71, 126, 128; wealth, 76; witchcraft, 122, 127

图书在版编目（CIP）数据

文化模式／（美）鲁思·本尼迪克特（Ruth Benedict）著；黄觉译 .--北京：社会科学文献出版社，2024.10
（思想会）
书名原文：Patterns of Culture
ISBN 978-7-5228-2404-8

Ⅰ.①文… Ⅱ.①鲁… ②黄… Ⅲ.①文化模式-研究 Ⅳ.①G0

中国国家版本馆 CIP 数据核字（2023）第 248624 号

·思想会·

文化模式

著　　者／［美］鲁思·本尼迪克特（Ruth Benedict）
译　　者／黄　觉

出 版 人／冀祥德
责任编辑／吕　剑
责任印制／王京美

出　　版／社会科学文献出版社·文化传媒分社（010）59367004
　　　　　地址：北京市北三环中路甲 29 号院华龙大厦　邮编：100029
　　　　　网址：www.ssap.com.cn
发　　行／社会科学文献出版社（010）59367028
印　　装／北京联兴盛业印刷股份有限公司

规　　格／开　本：880mm×1230mm　1/32
　　　　　印　张：8.875　字　数：181 千字
版　　次／2024 年 10 月第 1 版　2024 年 10 月第 1 次印刷
书　　号／ISBN 978-7-5228-2404-8
定　　价／88.00 元

读者服务电话：4008918866

版权所有 翻印必究